「クレーマー」を「リピーター」に変える3つのステップ

ストレスなし！クレーム対応の基本から

売上を伸ばす！クレームトコトン活用術まで

工藤英一

同文舘出版

はじめに

なぜ、毎日対応しても、クレームが減らないのでしょうか？　毎回同じようなクレームや、同じようなクレーマーがやってくるのでしょうか？

それは、**「その場しのぎ」のクレーム対応しかしていない**からです。

またクレームか、いやだなぁ。とりあえず、目の前のお客様の怒りを治めよう。

……そんな気持ちで対応していては、いつまで経ってもクレームが減ることはありません。そのお客様の怒りを治めたところで、根本的なクレームの原因を解決しない限りは、また同じクレームがくるのも仕方がないことなのです。

そうは言っても、毎日怒鳴り散らされ、理不尽なクレームを言われ、心はボロボロ。そんな状態では、その場の対応をするだけでいっぱいいっぱいで、「クレーマーをリピーターに変えるなんて、そんなの無理だよ」と思っている方もいらっしゃるかもしれません。

確かに、金銭目当てだったり、文句を言いたいだけだったりする人たちは、クレーム対応以前の問題で、リピーターになんてできるはずがありません。

でも、商品が壊れていたり、配達が間違ってしまったなど、こちら側が悪い場合には、当然謝らないといけません。そういったクレームを言ってくるお客様は、相手にすべき大切なクレーマーです。

つまり、クレーマーにも相手にしていいクレーマーと、そうでないクレーマーがいるということです。そして、この相手にすべきクレーマーこそ、リピーターになりやすい性質を持っているのです。

さらに、直接クレームを言わずに、陰で悪口を言うクレーマーもいます。「不満なことがあってもクレームを言うまでもない。ただその店に行かなくなるだけ」という経験は誰もがあると思います。この悪い評判は、ボディーブローのように効いてくるので、放ってはおけません。

このように、**クレーマーには種類がある**のです。

私はこれまで1500件以上、日本中の厳しいクレーマーに対応してきましたが、いくら丁寧で迅速な対応をしても、それだけではリピーターにはなってくれません。クレーマーの種類にそれぞれ適した方法で対応することが必要なのです。

本書では、クレーマーをハード・クレーマー、オーディナリー・クレーマー、サイレントクレーマーの3種類に分け、それぞれのクレーマーに対応していくためのしくみの作り方を教えます。

本書でお伝えする「クレーマーをリピーターに変える3ステップ」を実践して上手にクレーム対応できるようになると、まず、私たちの気持ちを傷つけるようなハード・クレーマーとはおさらばできます。そうすると、「クレームがこわい」という意識がなくなり、普通のクレーマーに迅速で丁寧なクレーム対応をすることができ、リピーターが増えていきます。

リピーターが増えれば、自然とクレームが減り、クレームの質もよくなっていきます。これらのクレームは「お客様の生の声」であり、売上アップのヒントが詰まっています。つまり、**クレームは宝の山**なのです。

しかし、単にクレームを集めても宝にはなりません。4章では、クレームを効果的に集め、徹底的に活用する方法をお教えいたします。

また、このしくみは、クレーム対応に関わるスタッフ全員で協力すると想像以上に効果が上がります。5章で紹介する「クレーム・ミーティング」で、クレームをむげに恐れるのではなく、皆で受け止めていく強いチームになってほしいと思います。

工藤英一

「クレーマー」を「リピーター」に変える3つのステップ◉目次

1章 クレーム対応はこわくない！

2章

リピーターを作るクレーム対応の基本

ハード・クレーム、オーディナリー・クレームの対応方法

3章 サイレント・クレームを引き出す対応方法

4章

クレームをトコトン活用する方法

5章 皆で実践！ クレーム・ミーティングをしよう

装幀／松好那名（matt’s work）
本文デザイン・ＤＴＰ／シナプス

1章

クレーム対応は
こわくない！

1 対応次第でクレーマーが喜ぶ!?

皆さんは、ダイビングをしたことがありますか？　南の島で海に潜って、きれいなサンゴ礁やカラフルな魚たちに囲まれながら海の中を散策するのは気持ちがいいものです。

なかには、ただ散策するだけではなく、カメラやビデオで風景や魚を撮る方もいらっしゃるでしょう。

私は以前、海の中でカメラやビデオカメラを使うための、専用の防水ケース（水中カメラハウジング）の開発から製造販売までをしていました。

当時はカメラもビデオカメラもとても高く、1台20万円以上するものもざらでした。この高価なカメラを入れるダイビング用の防水ケースを作っていたのです。

このケースはとても繊細で、小さな砂や髪の毛1本を挟んだまま蓋を閉めてしまうだけで、水が漏れてしまいます。つまり、20万円のカメラが台無しになってしまうわけです。

ダイビング中、水漏れに気づいてあわてて陸に戻って蓋を開けてみると、大抵、挟んでしまっていた砂や毛はどこかへ飛んで行ってしまいます。そのため、水漏れの原因がわからなくなってしまうのです。

水が漏れた原因がわからなければ、その責任はメーカーのほうに向いてきます。そして、販売店にクレームとなってやってくるのです。

当時は、毎日毎日クレームの嵐でした。売れば売るほどクレームが増えていくのです。商品は日本だけではなくハワイでも販売していたので、対応するだけでいっぱいいっぱいでした。

たとえば、ある日の夜8時頃、お店を閉めようとしたときに、大阪からクレームの電話がかかってきました。担当者の女性が話していると、だんだん相手の言葉が荒れてきます。そして、最後には「今から行くから待ってろバカヤロー！」と怒鳴り出し、とうとう担当者が泣き出してしまいました。

このお客様によるクレームは、それだけでは済みませんでした。その後も、いきなり内容証明を送ってきたり、お店に来てＰＬ（製造物責任）法で訴えてやると偉そうに言ったり、保険で新しくしろとごねたり、大阪の家まで謝りに来いと脅されたり……。

それでも、「お客様は神様」と思い、頑張っていました。

しかし、そんなクレームに繰り返し対応しているうちに、ついに私も切れました。

「そんなにこっちの責任だと言うんだったら、現物持ってこいよ！」

それから、このクレーマーはぱったりと連絡してこなくなったのです。

このとき、私は思いました。


「お客様は神様ではない。ただの人間だ」


それからは、いくらお客様でも、態度があまりにひどい場合には、お客様扱いするのをやめることにしました。悪い噂を流されたり、ＨＰや掲示板を荒らされたりしてもかまわないと覚悟したのです。

「注意書きにある手順で水漏れチェックしましたか？　チェックしていれば、潜る前に水漏れは発見できるはずですが」

「無理なものは無理です。電話切りますよ」

と言えるようになりました。

すると、謙虚な態度で「何とかなりませんか？」と言って、水没したカメラを持ってくるお客様がとても大切に思えてきたのです。

「子どもに海の中のビデオを見せてあげたかったのに」なんて言われると、何とかしてあげたいなと思えるようになりました。

しかし、このような場合でも、安易に謝ってしまうわけにもいきません。話をいろいろ聞いたうえで、手間賃程度で済む修理や改造ならサービスしてあげることにしたのです。すると、意外なことに、クレームを言ってきたお客様が大喜びするではありませんか。最初から「修理や改造でどうですか」と言うと全然喜ばないのに、弁償はできないときっぱり断ったうえで「修理や改造をやってあげる」と言うと、大喜びするのです。なかには、ダイビング仲間に宣伝までしてくれる人もいました。

こうして、だんだん「クレームを言ってきたお客様を喜ばすこともできるのだ」ということがわかってきました。

保険やPL法、消費者センターの考え方などにも詳しくなり、ひどい態度のクレーマーを切る勇気を持つと、クレーム対応がこわくなくなり、少し楽しくさえなってきたのです。

クレーマーと対等に話せるようになると、
クレームはそんなにこわいものではなくなる！

2 クレームを言うお客様はリピーター予備軍

そもそも、クレームは、商売をしていれば必ずくるものです。もし、クレームが1件もこない状態が続いていたら、それこそ問題です。お客様から見放されている可能性がありますし、お客様が離れていく前兆かもしれません。

最初に書いたように、クレーマーにはひどい人も少なくありません。しかし、まともなお客様からのクレームは、「不満はあるけど、まだ、好きなんです」と改めて告白されているようなものなのです。

クレームを言うのが好き、という人はなかなかいないでしょう。大半の人にとって、クレームを言うには大変な手間と勇気が必要です。

電話をかけ、電車に乗って買った商品をお店に持って行き、経緯を話し、要望を伝えなければならないのです。

店員は話を聞いてくれないかもしれません。馬鹿にしたようなそぶりをするかもしれません。逆に、使い方を自分が間違っていることを指摘され、恥をかくかもしれません。

商品についてよく知っているのは店員のほうです。店員は、商品に関連する技術にも法律についても、よく知っているはずです。多くのお客様とやりとりをしており百戦錬磨で、客あしらいもうまいはずです。

店員が話をきちんと聞いてくれない限り、こちらの言い分は通りそうもありません。場合によっては、うまく丸めこまれてしまうかもしれません。

クレームを言いに来ている人は、そんな不安を乗り越えてきているのです。

なぜ、そこまでするのでしょうか？　頭にきたから、怒ったから？　それなら、わざわざリスクを冒してクレームなんかつけないで、陰で悪口を言っていればいいのです。そのほうがよっぽどお店の評判を下げられます。

クレームを言いに来るのは、またそのお店を使いたいからです。この先、同じような不満なことにあいたくないからです。

つまり、**もう1回お店で買い物をするということが前提**になっているのです。

この時点で、このお客様は既にリピーターです。クレームを言ってくるということは、少なくとも、もう1回は来てくれるリピーターであるということを自ら言っているようなものなのです。

もし、文句を言いに来たお客様が、「私はこれからもこのお店で買いたいんです。だからこそ、もう一度、嫌な思いはしたくないんです」とお願いしてきたら……、あなたの気持ちも変わりませんか？

クレームを言うほうも時間と労力と勇気が必要。
わざわざ言ってくるお客様はリピートを前提としているのだ。

3 クレームを言ってこないお客様が一番こわい

私たちはひどいクレーマーばかりを覚えていて、そのようなクレームが多いように感じています。しかし、私たちが思っている以上に、お客様の多くは**クレームも要望もワガママも、何も言わない人ばかり**なのです。

あなたなら、何回不満な出来事が起こったらクレームを言いますか？

不満な出来事が起こって1回でクレームをつける人はたった2・1％、2回でクレームをつける人も1・8％しかいません。3〜5回になると不満を言う人が75・0％と一気に増えます（参照：『日本苦情白書』関根眞一監修　メデュケーション）。

つまり、1回や2回不満があっても、お客様はクレームを言わないで我慢してしまうということなのです。

我慢してクレームを言わないでいる代わりにどうするかといえば、**二度と行かないようにする**のです。

ですから、私たちに何もわからないまま、お客様は「もうあそこには行かない」と心に決めてしまっているのです。弁解をするチャンスさえもらえません。

クレームを言われずに平穏に過ごせているように見えて、お客様の7割以上が1回しか来ないお客様となってしまっているわけです。

しかも、来なくなる場合だけではありません。陰で報復をするのです。

先日、都内の役所に勤める方から、あるレストランについての悪い評判を散々聞かされました。役所の職員ですから、地元のお店が繁盛するように応援する立場のはずなのですが、どうやら、悪い噂を広めてしまっているようなのです。

そのお店は、仲のいい若いご夫婦がやっと貯めたお金ではじめた小さなお店です。立地が悪く、古いアパートの1階でやっているのにもかかわらず、雑誌でよく取り上げられ、隠れた人気店となっています。

ですが、その方は気に入らなかったようです。値段が高い、床の歩く音がうるさい、店の窓からの景色が悪い、量が少ない、味がよくない……。なにか癇に障ることでもあったのでしょうか？　理由はわかりませんが、散々な言い方です。

しかも、それを、同僚や友人にことあるごとに話しているようなのです。

いったい何人に伝わったのでしょうか？　１００人は軽く超えると思います。

一方、そのお店の顧客名簿の数は約２００人。少なくとも２００人のファンがいつもご夫婦を応援してくれています。

しかし、いくら熱心なファンでも、１人で１００人にそのお店を勧めることはなかなかありません。口コミは悪口にはかなわないのです。

２００３年には、

・不満を感じているお客様は、平均9~10人にその事実について話す
・特にそのうちの13%のお客様は、20人以上に話をする
・問題が解決されなかった場合、お客様はその苦い経験について8~16人に話をする

という調査結果も出ています（参照：『サービス・マネジメント』カール・アルブレヒト、ロン・ゼンケ共著　ダイヤモンド社）。

つまり、１人に与えた不満はその10倍以上の人にマイナス情報として伝達され、さらに、もし問題が解決できなければ、より多くの人にマイナス情報として伝達されるわけです。

不景気が長引くにつれ、悪い噂を聞いただけでそのお店を敬遠する人が増えています。多くの人が今まで以上にお金を節約していて、外食も我慢しています。

そんな中、たまに行く外食は絶対に外したくない、というのは当然のことです。時間と労力を使い、さらにお金を払っているのに、まずい料理を食べさせられたり、接客で腹を立てたりすることだけは避けたいと思っています。

ですから、悪い噂には敏感になっているのです。

悪い噂を聞いたお客様は情報を確かめることもせず、〝とりあえず、あそこはやめておこうか〟と選択肢から外してしまいます。

そうして、お客様に忘れられたら、お店は存在しないも同然です。

想像以上に不満を持っているお客様は多く、影響が大きい。
だからこそ、ファン客を作らなければならない。

④ クレーマーは3種類に分けられる

ここまでお話ししたように、クレーマーと一言で言っても、3種類のクレーマーがいます。

脅しや金や保険金目当ての人もいれば、普通に故障や間違いや要望を言ってくる人もいます。また、店には何も言わないけれども友人に悪口を言っている人もいます。

脅しや金や保険金目当ての人のことを「**ハード・クレーマー**」といいます。ハード・クレーマーは、クレームを言ってくる人の中の2〜3%、顧客1000人に1人くらいです。

また、故障や間違いや要望を言ってくる人のことを、「**オーディナリー・クレーマー**」といいます。顧客の5%程度です。

さらに、お店には文句を言わずに陰で友人などに悪口を言っている人のことを「**サイレント・クレーマー**」といいます。これは顧客の40〜60%を占めています。

クレームにうまく対応するためには、この3種類のクレーマーにそれぞれ対応していく

クレーマーには３種類ある

①ハード・クレーマー
脅しや金や保険金目当ての人。時間や労力、法律を犯すことを避けたいと思っている。

クレームを言ってくる人の中の２～３％、顧客 1,000 人に１人くらい。

②オーディナリー・クレーマー
故障や間違いや要望を言ってくる人。

話を聞いてほしい、迅速に解決してほしいなど、いくつかの強いニーズがある。もともとリピーター体質なので、これらのニーズに応えることでリピーターになってもらえる。

顧客の５％程度。

③サイレント・クレーマー
店には文句を言わずに陰で友人などに悪口を言っている人。

安全・安心志向が強く、自分を無視しないでほしい、尊重してほしいというニーズを強く持っている。これらのニーズに応えることで、心の奥にしまっていた不満を口に出してもらえる。

顧客の 40 ～ 60％を占める。


３種類のクレーマーそれぞれに、上手に対応すれば、つらくない！　しかも、自社・自店のファンも増えていく！

ことがポイントです。

この3種類のクレーマーには、それぞれ独自のニーズがあります。これらのニーズを把握しておいて、ニーズに的確に応えれば、上手にクレーム対応することができます。

たとえば、ハード・クレーマーには、ハード・クレーマーの裏ニーズ、つまり嫌がるところを突くようにします。彼らは、時間や労力をかけすぎたり、法律を犯したりすることは避けたいと思っているのです。

オーディナリー・クレーマーには、話を聞いてほしい、迅速に解決してほしいなど、いくつかの強いニーズがあります。もともとリピーター体質な人が多いので、これらのニーズに応えることでリピーターになっていただけます。

サイレント・クレーマーには、安全安心や自分を無視しないでほしい、尊重してほしいというニーズを根深く持っています。これらのニーズに応えることで、心の奥にしまっていた不満を口に出してもらえます。

口に出してもらうことで、オーディナリー・クレーマーへ進化させることができます。

この新たなオーディナリー・クレーマーが、リピーターになっていくわけです。

詳しくは2章・3章で述べますが、この3種類のクレーマー対応スキルを学ぶにあたって、**ハード・クレーマー対応↓オーディナリー・クレーマー対応↓サイレント・クレーマー対応の3ステップでマスターしていかないといけません。**

通常、オーディナリー・クレーマー対応から学び、ハード・クレーマーが来た場合には店長へ回すようになっていると思いますが、ハード・クレーマーのことを知らずにオーディナリー・クレーマーの対応をすることはできません。ハード・クレーマーとオーディナリー・クレーマーとの区別ができないからです。

区別ができないと、クレーマー全部がこわく見えてしまいます。

こわがったままでは、せっかくリピーター候補のオーディナリー・クレーマーが来ても、うまく接客することができません。ですから、まず、ハード・クレーマー対応や、ハード・クレーマーとオーディナリー・クレーマーとの見分け方を学ぶ必要があるのです。

その次に、オーディナリー・クレーマーをリピーターに育てる方法を学び、最後に、サイレント・クレーマーに不満を言わせる方法を学びます。

オーディナリー・クレーマーはリピーター体質。
それを活かすために3種類のクレーマーの対応方法をマスターしよう!

5 クレーマーをリピーターに変える5つのポイント

クレーマーにも3種類あり、それぞれのニーズにうまく対応していくことでクレーマーをリピーターに変えられることを話してきました。

ここではもう一歩踏み込んで、私たちが具体的に実践すべき5つのポイントについて説明していきます。

①視点を「お客様の不満解消」から「リピーター作り」に180度変える

クレームを活用して売上を伸ばすには、クレーム対応は**「お客様が言ってきた不満を解消するという守りの接客」ではなく、「クレームを言ってきたお客様の信頼感を獲得してリピーターに育成をするという攻めの接客」**であるという視点を持つことが重要です。

特にオーディナリー・クレーマーに対しては、クレームを言ってきてくれたありがたいリピーター予備軍なのだと自覚し、丁寧に対応していくのです。

クレームを言ってきてくれたお客様には、次の3つの点から上質な接客をサービスしていきます。

・世界で一番話を聞いてくれる人になる
・迅速で自分を最も大切にしてくれる人になる
・自分のことを一番考えてくれる人になる

②ハード・クレーマーの攻撃から守る

アルバイトでもパートでも、小売・サービス業界で働いたことがあれば誰でも一度や二度、ハード・クレーマーに対応したことはあるはずです。私がクレーム対応のセミナーなどで「どんなひどいお客様がいたか教えてください」と尋ねると、どんどん出てきます。その中には、必ずハード・クレーマーとのやりとりが入っています。ハード・クレーマー対応は、それだけ記憶に残るひどい体験だということです。

多くのスタッフがオーディナリー・クレーマーにきちんと対応できないのは、この体験の記憶が残っており、**不安が払しょくできないから**です。

ところで、犬を飼ったことがありますか？　犬は不安な気持ちのとき、飼い主を守ろうとする気持ちが強い犬ほど、よく吠えたり噛みついたり攻撃的になってしまいます。

犬と比較するのは失礼かもしれませんが、同じように、店頭でクレーマーに怯えつつも、「頑張ろう」と思っているスタッフほど、クレームを言ってきたお客様に対して攻撃的になってしまい、結局、問題をこじらせてしまいます。

頑張る気持ちの強いスタッフほど、せっかくのオーディナリー・クレーマーを怒らせてしまうのです。これでは頑張ってリピーターを毎日減らしているようなものです。

ですから、まずはハード・クレーマーとのひどい記憶を乗り越えることが大切です。

ハード・クレーマー対応では、現場にある程度の権限を持たせることが必要です。それは、**クレーマーを切る**という権限です。

スタッフがクレーマーを切るということは、日本では普通考えらえません。いくら散々に言われても、我慢しなければなりません。

しかし、「殺すぞ、バカヤロー」などめちゃくちゃなことを言ったり、怒鳴り散らしたり、机をたたいたりしたら、上司を呼ぶまでもなく「警察を呼びますよ」と言ってかまいません。恐怖を感じたら、もうお客様扱いはできません。この判断を現場に任せるわけです。

③クレーマーの良し悪しは態度や口調ではなく要望で見分ける

どんなに口や態度の悪い人でも、脅しや金目当てでないのならハード・クレーマーではないと、受け止められるようになることが大切です。

以前、デパートで販売職をしている50代の男性に相談されたことがあります。

「『お前みたいなバカじゃ話にならん、店長を出せ』と言われて、バカ扱いされたことがあります。このようなときにも、お客様を切っていいのでしょうか？」

という質問に対し、私は、

「それはひどいですね。切ってもいいと思います。でも、その人はハード・クレーマーですか？　人を見下した言い方をするひどい人ですが、本当にハード・クレーマーでしょうか？　もし、店長に誠意を見せろとでも言ってきたらハード・クレーマーです。でも、苦情を言うだけならオーディナリー・クレーマーです。オーディナリー・クレーマーなら、頭にきても、あなたが対応したほうがよいと思います」

と答えました。

言動ではなく、**最終的に何を欲しがっているのか**を見極めることが必要なのです。見下したようなことを言われても、もし、苦情や壊れたものの交換をしてほしいだけなら、「クレームを言うのに少しビビッていて、居丈高になっているんだな」と、1つ上の立場から見てあげるのがよいでしょう。

いくらそのクレーマーが威張っても、商品のこともお店のルールも、よく知っているのはあなたなのですから。

④リーダーがクレーム対応のしくみを把握する

クレームを活かして売上につなげるには、店長など最終的な責任を負うリーダーがクレーム対応をしくみ化し、クレーム対応の方法を適切な順番でスタッフに学ばせていくことが必要です。

スタッフには、クレーマーは1種類にしか見えていませんので、まず、店長がクレームを構造的に捉えることが必要なのです。構造的に捉え、対応していくことで、クレーマーとスタッフの態度や言動が変わり、お互いが適切な関係になっていきます。適切な関係が、クレーマーをリピーターへと育成していくのです。

ハード・クレーマーがスタッフを弱くさせるなら、反対にスタッフをハード・クレーマーから守るのが店長です。うまく守れていると、オーディナリー・クレーマーをリピーターに育成できるようになります。そして、一見同じに見えるハード・クレーマーとオーディナリー・クレーマーを見分けられるようになってきます。

すると、スタッフは自信をつけていきます。スタッフは自信がついてくると、サイレント・クレーマーが見えるようになってきます。見えてくると、どうしたらサイレント・クレーマーに不満を言わせることができるのかがわかってきます。

これができてくるとオーディナリー・クレーマーの数が増え、リピーターも増えてきます。

すると、売上が伸びてきて、スタッフもさらに自信をつけ、仕事が面白くなっていきます。

こういった、好循環に入っていくわけです。

話ができすぎのようですが、**スタッフがオーディナリー・クレーマーに安心して集中できる環境とスキルによって結果は自然とついてくる**ということです。

⑤チームで対応する

クレームにチームで対応することの第一歩は、現場を1つにまとめることです。チームを作り、みんなでクレーマーに対応していくようにすると、チームがまとまってきます。チーム内でいがみ合うことが少なくなり、自然と協力し合ったり、助け合うことが多くなってきます。

反対に、現場を放っておくと各自がクレーマーから逃げるようになり、クレーマー対応にあたったスタッフは、まるで生贄のようになってしまいます。

クレーマーにチームで向き合わせることは、他にも効果があります。

たとえば、デパートでは、「なるほど」と思う取り組みをしています。

万引きを監視している覆面店員にわざとぶつかり、怒らせてクレームを言うお客様がいたのです。デパートへの嫌がらせですね。

その人が、私を監視員と間違い、すれ違いざまにひどく肩をぶつけてきたのです。怒った私が文句を言うと、階段で話し合おうと言います。階段に行こうとすると、店員が走ってきて一緒について来てくれました。

そして、３人で話そうとしていると、どんどん男性店員が階段の踊り場に集まってきました。その数は30人以上。１人のハード・クレーマーに対して、デパート中の男性店員が皆集まってきて、集団圧迫をかけたのです。皆でデパートを守るといった雰囲気がありました。

ハード・クレーマーに対するとき、他の人が一緒にいてくれるだけでも心強いものです。また、オーディナリー・クレーマーに対するときでも、担当者が１人で頑張るのではなく、他のスタッフが協力することで、一気に対応のスピードと質が上がります。

チーム対応は、リピーター作りの鍵と言えます。

5つのポイントを実践し、クレーマーをリピーターに育てていこう！

6 クレームはトコトン活用しよう!

ここまででお話ししたように、オーディナリー・クレームは、主に商品の破損や配達ミスなど、私たちが当たり前にしなければいけないことができていない場合も多く、対応したら売上が急激に上がるような特別なニーズはあまり見当たりません。

そのため、**クレームを活用するのではなく、クレーマーを活用します**。クレーマーをリピーターにすることで売上アップにつなげていきます。

クレームは、さらに活用することができます。

サイレント・クレームには、**お客様の潜在的な要望**が多く入っています。そのため、サイレント・クレームはとても価値あるものなのです。

サイレント・クレームは、会社の方向性を探るときや新商品の開発、会社やお店の立て直しのときなど、さまざまな場面で幅広く役立ちます。

サイレント・クレームを活用する基本中の基本は、「**すべてのクレームに応えてはいけない**」ということです。自社・自店のコンセプトに合うクレームにのみ対応し、そうでないものについては無視する勇気が必要なのです。お客様の絞り込み同様、クレームも絞り込んでいかなければなりません。

次に大切なのが、こちらから積極的に取り組むことです。顧客の抱え込んでいる不満に対して、顧客が口に出す前にこちらから聞き出して不満を解消すると、それだけで喜ばれます。特に、清掃やガソリンスタンドなど、差別化しにくい商売では、こちらからクレームを聞きに行くことが売上に影響します。

その他さまざまな切り口からサイレント・クレームを活用できます。クレームの活用方法は4章で解説していますが、ここでは5つの切り口を紹介しましょう。

①商品のよさを理解してもらえるようになる

お客様にいくら商品のよいところを伝えてもピンとこない場合、普段から不満に思っていることを思い出していただき、その解消に役立つことを伝えると、「なるほど、いいね」となることが少なくありません。

②顧客視点の改善ができるようになる

よく、人気店と比べながら改善していくミーティングを行なっていますが、これでは内輪の改善にとどまってしまいます。そこで、お客様から不満を聞き出し、それから人気店と比較していきます。すると、お客様がどのような視点でお店やサービスを比較しているかがわかってきて、顧客視点からの改善ができるようになります。

③つぶれそうな会社やお店を助けることができる

ここまで何をやってもダメだったとしたら、すべてのお客様に不満を持たれているわけなので、誰に聞いても改善点が出てきます。特に、ずっとお店に来続けてくれているお客様は、これだけは許せないという致命的な欠点を指摘してくれます。これを直せば、とりあえず倒産・閉店は避けられるでしょう。

④売れる商品を開発することができる

同じ商品でも、「○○だったらいいな」という理想から開発すると売れないのに、お客様のクレーム解消（困りごと解消）から開発すると売れることがあります。同じ商品でも、上と下から見るのでは違うように、アプローチの差がちょっとした違いを作ります。この小さな違いが売れ行きに大きく左右するのです。

⑤商品を選びやすくして売れるようにできる

人によって商品の良し悪しを計るメジャーの種類は違います。たとえば、店員の説明がわかりにくいというクレームは、お客様にどのようなメジャーを提供すればいいのかを教えてくれます。これは、チラシなどの販促物を作るときにも役立ちます。

サイレント・クレームを活用することで顧客視点を取り入れることができます。顧客視点は、新商品を考えるときや業績アップの方法を考えるときに欠かせないものです。

クレームは売上アップのヒントの宝庫。
できるだけかき集めて、売上アップにつなげていこう！

2章

リピーターを作るクレーム対応の基本

ハード・クレーム、オーディナリー・クレームの対応方法

1 効果バツグン！クレーム対応のしくみを作ろう

1章でクレーマーには3種類いることを述べましたが、これらの対応はしくみ化してしまえばこわいことはありません。

ポイントは、

①スタッフをハード・クレーマーに直接対応させない

②ハード・クレーマーとオーディナリー・クレーマーを見分ける

③クレーマーの種類に合わせた対応をする

の3点です。

1章でも述べたように、クレーム対応のしくみの目的はリピーターを増やすことです。スタッフをハード・クレーマーから守りながら、クレームに対応することによって、オーディナリー・クレーマーをリピーターに育て上げます。さらに、サイレント・クレーマーに不満を口に出させることで、オーディナリー・クレーマーに進化させるわけです。

では、そのしくみを順番に説明していきましょう。

①スタッフをハード・クレーマーに直接対応させない

まず、障害となっているのはハード・クレーマーです。

ハード・クレーマーに対応したときのひどい記憶がスタッフを縛って動けなくさせています。ここを何とかしないと、クレーム対応のしくみは動きません。

まず、ハード・クレーマーが来たら店長に対応を任せることにします。店長がいない場合には、店長が戻り次第、連絡をすることにしていったんお引き取り願います。

どうしても帰らない場合には、奥の部屋で待っていただきます。

こうして、一応、スタッフはハード・クレーマーと直接対峙しないで済むようにします。

②ハード・クレーマーとオーディナリー・クレーマーを見分ける

次に、スタッフがハード・クレーマーとオーディナリー・クレーマーの見分けができるようにします。これをしないと、クレーマー全員が店長に回ってきてしまいます。

見分け方のポイントは、クレーマーの要望で判断するという点です。態度や口調では判断しないことが大切です。こわい人＝ハード・クレーマーではありません。一見優しそうな人のほうがこわい場合も少なくありません。

③クレーマーの種類に合わせた対応をする

もし、クレームを言ってきたお客様がハード・クレーマーだった場合には、店長が極力、時間も労力も費用もかけずに対応します。対応というよりも、処理するといった感じです。オーディナリー・クレーマーであった場合には、繊細な接客と迅速な対応でリピーターに育て上げます。オーディナリー・クレーマーのニーズに応えることがポイントです。オーディナリー・クレーマーへの対応ができるようになったら、今度はサイレント・クレーマーに不満を口に出させ、オーディナリー・クレーマーに進化させます。お客様の半数は、言わないだけで少なからず不満を持っています。つまり、莫大なリピーター候補がいるわけです。

このとき、サイレント・クレーマーの不満をアンケートで集めても意味がありません。すべての不満点を直すのではなく、まずは文句を言わせることがポイントなのです。サイレント・クレーマーに不満を直接口頭で言ってもらえれば、オーディナリー・クレーマーに育つからです。

オーディナリー・クレーマーはそう多くありません。お客様が100人いた場合、オーディナリー・クレーマーは2~10人、それに対して、サイレント・クレーマーは、40~50人にもなります（※）。サイレント・クレーマーに直接クレームを言わせることで、リピーター予備軍を大量に生み出すことができるわけです。

とは言っても、なかなかすぐには上手に対応できるものではありません。特に、ハード・クレーム対応は腰が引けてしまうもの。次項からは、無理せずに、クレーム対応していくための基本を解説していきます。

※「誠意とは何か――苦情行動者の特性と適切な苦情対応――」（池内裕美『関西大学経済・政治研究所 研究双書 第147冊』関西大学）、『日本苦情白書』（関根眞一監修 メデュケーション）を参考に、不満を言う人の割合を、不満を感じた人の4～20％に設定

クレーマーの種類に合わせた対応をすれば、スタッフが育ち、お客様も育つ！

ハード・クレーマー対応①

2 ハード・クレーマーに安心して対応できるようにする

まずはハード・クレーマーの対応方法を説明していきます。

クレームがきたら、担当者は、まずそのクレーマーがハード・クレーマーなのかオーディナリー・クレーマーなのかを見分けなければなりません。

もし、ハード・クレーマーなら、店長へバトンタッチするか、法律に沿った合理的な対応をとるか、覚悟を決めます。

一方、もし、オーディナリー・クレーマーなら、リピーターになってくれるお客様として最高の接客をしなければなりません。

問題は、まずそのクレーマーがハード・クレーマーなのかオーディナリー・クレーマーなのかを見分けるのに、こわがっていては見分けられないということです。

ハード・クレーマーへの対応で失敗すると、傷ついたり、しんどくなったりして、クレーム対応自体に苦手意識を持ってしまいます。

そして、いつも心のどこかで、「下手なことをすると、このお客様もあのひどい人みたいに怒り出すのかもしれない」と、**お客様を信頼できないようになってしまいます。**

また、不安感につきまとわれていると、頑張ろうと思う人ほど攻撃的になってしまいます。相手がオーディナリー・クレーマーであっても怒らせてしまい、リピーター予備軍の芽をどんどんつぶしながら、自店の悪口を言いふらす人を増やしてしまいます。

逆に、特に頑張ろうと思わない人は、クレームから逃げるようになります。相手がハード・クレーマーなのかオーディナリー・クレーマーなのかは関係なく、クレームはすべて嫌い、関わりたくないといった態度をとるようになってしまいます。

そうすると、接客に対して腰が引け、お客様とのコミュニケーションを最小限で済ませるようになってしまいます。接客の質を高めることよりも無難にこなすことがメインになってしまい、結果的に、サイレント・クレーマーを増やし続けるようになるのです。

オーディナリー・クレーマーに対して自信を持った対応ができるようにならないと、サイレント・クレーマーに対応することもできるようになりません。

ハード・クレーマーが来ても大丈夫だとスタッフを安心させることは、売上作りの根幹

をなすものなのです。

もし、ハード・クレーマーにスタッフがひどい扱いをされていたら、

「うちのスタッフがそこまで言われる筋合いはない、謝ってくれ」

「あんたにうちのスタッフの首を切る権利はない、帰ってくれ」

「いくらなんでも言いすぎです。二度と来ないでくれ」

と、覚悟を決めてバシッと言ってやってください。そこまでしてスタッフを守る価値は十分にあります。

スタッフを安心させることは欠かせない。不安なままのスタッフは、クレーム対応ができないばかりかお客様を減らしていってしまう。

3 ハード・クレーマー対応②

ハード・クレーマーはお客様ではないと割り切る

クレーム対応は、クレームを言ってきたすべてのお客様を満足させることが目的ではありません。リピーターを増やすことが目的です。

その意味で、ハード・クレーマーとは、本来相手にする必要のない人たちなのです。**お客様ではない**のです。

ハード・クレームの中にはお客様のニーズや、売上を伸ばすヒントは見つかりません。ハード・クレーマーにお客様としての価値はないのです。

価値がないどころか、現場のスタッフを消耗させ、接客全体の質を低下させ、ひいては売上を低下させていきます。

ですから、**ハード・クレーマーは、効率的に排除していく**ことが必要なのです。

ハード・クレーマーにかける時間や労力やお金があるなら、普通のお客様にかけるべきです。

お店を支えてくれているのは、何回も来てくれているお客様です。そのお客様を満足させることは、ハード・クレーマーに対応することなどよりもよほど重要で、すぐにしなければならないことではないのでしょうか。

また、マーケティングなどに費用をかけるのであれば、まず、ハード・クレーマーにかける時間や労力やお金を減らし、オーディナリー・クレーマーやサイレント・クレーマーにかけるべきです。

オーディナリー・クレーマーやサイレント・クレーマーに対応することが、7割以上を占めている1回のみのお客様をリピーターに変え、悪い噂を減らし、お店の味方を増やしていくのですから。

ハード・クレーマー対応は大切なお客様への時間と労力を奪っている。割り切って対応しよう!

4 ハード・クレーマー対応③

ハード・クレーマーはニーズが明確

ハード・クレーマーは、その目的によって大きく2種類に分けられます。「**金銭目当て**」と「**脅し目当て**」です。

金銭目的のハード・クレーマーのニーズは、

- **高額な成果**
- **時間や時間や労力を、必要以上にかけない**
- **捕まるリスクを負わない**

ことであり、

- **謝罪**
- **問題の解決**
- **迅速な対応**

などは求めていません。

実は、金銭目的のハード・クレーマーのニーズは、ビジネスマンのように目的が明確で、非常に合理的です。ただ、そのやり方が、法律ギリギリなのです。

ですから、コツさえつかめば対応しやすいとも言えます。

ハード・クレーマーは「いくらよこせ」とは言わずに、「誠意を見せろ」とか「損害を保証しろ」と間接的に金銭を要求してきます。このとき、自分たちに法的に問題となる落ち度がなければ、きっぱり断ってしまってかまいません。

何度もクレームのメールをよこしたり、内容証明を送ってきたり、最終的には「家まで来い」と要求してくる場合もありますが、決して家に行ってはいけません。家にまで行ったら、そこには数人の強面の男たちが待っているケースがあります。

別に乱暴されるわけではありませんが、強力に圧迫してきます。そして、賠償をする約束をさせようとするのです。

ハード・クレーマーへの基本的な対策は、自社や自店の法的な責任範囲を正確に理解することからはじまります。商売に関係する重要な法律はすべて理解し、責任の範囲を自分で引けるようになる必要があります。

これが押さえられるようになると、金銭目的のハード・クレーマーからの要求に対して冷静に対応できるようになります。私もＰＬ法について本やセミナーで学んだり、消費者センターのHPを見ていろいろな事例を読んだりしました。

多くの場合、相手の要求の法的根拠は曖昧なものなので、初期の段階で突っぱねることができるものばかりです。

効率的に処理するコツは、事実確認を行ない、こちらに責任がないことを確かめられたら、最初から要求には応えられないことをきっぱり伝えるということです。

すると、たいてい「消費者センターに訴えるぞ」と言い出しますが、「どうぞ」とだけ伝えてください。それ以上、何も対応する必要はありません。対応してはいけないのです。

ここで忘れてはならないのは、相手は時間と労力をかければかけるほど引き下がれなくなるということです。

もし、相手の家に行って強面の男たちがいたら、相手はそれらの人の日当を何としてでも稼がなければならないということです。そうすると、ただでは帰れなくなります。

弁護士代10万円のほうがよほど安いと思います。

一方、脅し目当てのハード・クレーマーはやっかいです。

相手に精神的なダメージやイメージダウンを負わせ、ストレス解消をすることを目的としていて、まるでテロリストのようです。

法的にギリギリの範囲内で、自分の正体を隠したまま、相手に相当のダメージを与えてくるのです。

脅し目的のハード・クレーマーにとって、

- **効果的にダメージを与えること**

が最も重要なニーズで、

- **謝罪**
- **問題の解決**
- **迅速な対応**

などは求めていません。ですから、対応しにくいのです。

そのため、対応するのではなく予防することを重視していきます。予防も、脅し目当てのハード・クレーマーのニーズに応えることでできます（詳しくは次項）。

ハード・クレーマーのニーズを見抜き、無理なく無駄なく対応しよう。

ハード・クレーマー対応④

5 ハード・クレーマーの嫌がることを知る

ハード・クレーマーを排除するには、ハード・クレーマーの嫌がることをするのが一番効果的です。

賠償金目当てのハード・クレーマーのニーズは、なるべく高額な賠償金を、手間や時間をかけず、安全に手に入れることでした。

つまり、手間や時間がかかることを嫌がるわけです。ましてや、法律を犯し自分を危険にさらすようなことは絶対にしません。

嫌がることに対応すれば、金銭目的のハード・クレーマーは自分から去っていきます。

①手間がかかりすぎる
②時間がかかりすぎる
③賠償金額が大きくならない
④心理的な圧力をかけても効果が上がらない

このような場合、あなたは金銭目的のハード・クレーマーから見たら、付き合いたくないひどい「客」なのです。

そのため、

- **自社製品や商売に影響する法律に詳しい**
- **怒鳴る、けなすなどの心理的圧迫に負けない**
- **どんな相手でもルールを曲げない**
- **時間をかけて相手の事情や主張を聞き取り、精査する**

といったことが対策となります。

私は、以前、自社で作った商品を販売していたので、PL法について詳しく学び、PL法に基づいた取り扱い注意書を作成しました。

また、クレーマーがスタッフに向かって怒鳴りはじめたり、けなしはじめたら、もうその人はお客様ではないと思うように決めていました（丁寧には接しますが、もう買ってもらおうとは思いませんので、気が楽になりました）。

そして、商品の検査と保険関連の手続きに関するルールを決めました。このルールを曲げることはなく、自社で一定の検査をして製品に問題がある場合だけ、責任の範囲内で賠償に応じるようにしていました。

たとえお客様が検査結果に納得しなくても、このルールは変えません。

お客様には、使用時の状況や保管状態などを詳しく聞き、メールや手紙、電話で詳細を教えていただきます。教えていただけない場合には、その時点でクレームに対応するのはストップします。

また、必ず現物を送っていただき精査します。精査には、どんなに時間がかかってもきちんと行ないました。もし、送っていただけない場合には、やはりその時点で対応をストップします。

これらのルールができるまでは、一定の割合で、決まったようにハード・クレーマーによる問題が発生していました。その都度対応し、2、3日も時間をとられることも珍しくありませんでした。

このやり方が固まってからは、ハード・クレームへの対応が大幅に短縮され、精神的な負担もずっと軽くなりました。

一方、脅し目当てのハード・クレーマーは、自分の存在は隠したまま、相手に精神的なダメージを与え、ストレス解消をすることを目的としています。自分を犠牲にしてまでも、相手にダメージを負わそうとはしません。

つまり、自分の名前や住所など、正体がわかることを最も嫌がるわけです。ましてや、法律を犯し自分を危険にさらすようなことは絶対にしません。

これに対応すれば、脅し目的のハード・クレーマーは近寄ってきません。

①ビデオなどで自分の行動が撮られている

②いくら脅しても言葉ではダメージがない

このような場合、あなたは脅し目的のハード・クレーマーから見たら、やっかいなのです。

以前、脅し目当てのハード・クレーマーのせいで、クライアントが1億円の売上を失いそうになったことがあります。

ある日、駅の中のパン屋さんに若い大柄な男が来て、パンを手に取り、レジに並びながら、急に大声で「おまえみたいなひどい奴は殺してやる」と叫んで去っていったのです。

レジの若い女性スタッフは驚いてこわくなり、カウンターの奥に逃げてしまいました。

その男がまた来るとこわいので警察を呼んだのですが、「『殺す』と言うだけなら警察は何もできない」と言われ、手の打ちようがありませんでした。

他のスタッフの話を合わせると、その男は以前から何回かその店にパンを買いに来ていたようなのです。

もちろん、それだけではありませんでした。直後に、鉄道会社の苦情係にパン屋の対応が悪いと言って男の声でクレームが入ったのです。先程の、レジの女性スタッフに「殺すぞ」と言って去っていった男のようです。

パン屋は鉄道会社の役員から呼び出され、注意を受けました。場合によっては駅から立ち退くように告げられたのです。

パン屋の社長は納得がいきません。そこで、防犯ビデオを見て、お店の女性スタッフに落ち度がなく脅かされていたのを確認し、鉄道会社に説明をしたのです。

その結果、立ち退きの話はなくなり、事なきを得ました。

この場合、相手は誰だかわかりません。しかし、たった1回殺すぞと怒鳴り散らし、鉄道会社の苦情センターに電話を入れただけで、女性スタッフをこわがらせ、大家である鉄道会社の誤解を招き入れ、従業員の精神にも、会社の売上にも大きなダメージを与えたのです。

もし、防犯ビデオがなかったら、パン屋は本当に立ち退かなければいけなくなっていたかもしれません。売上の3分の1＝1億円を失うところだったのです。

ハード・クレーマーに対しては、正体がわかってしまうリスクを高めること、正体を隠せないようにすることが対策の基本となります。

お店ならビデオ、電話受付なら録音することが対策になります。

また、ビデオで撮っていること、会話を録音していることを知らせることも抑止力になります。

お客様相談センターと同じです。会話の録音システムが、電話係の人を脅し目的のハード・クレーマーから守っているわけです。

こういった対策には費用がかかりますが、現場のスタッフを守るためには、いくら費用をかけてもお釣りがくると思います。

ハード・クレーマーは、力づくで追い返すのではなく、ハード・クレーマーが嫌がることをすればいい。

6 ハード・クレーマー対応⑤
ハード・クレーマーにはきっぱり断るほうが親切

繰り返しになりますが、このクレーマーはハード・クレーマーだと見分けられたら、その瞬間からお客様ではなくなります。商品を買ってもらう必要もなく、後で悪口を言われてもかまわないと腹をくくってください。

法律を守っており、かつ自社の方針に沿っていることを十分確認したうえであれば、目の前のハード・クレーマーの要望を毅然とした態度できっぱり断ってしまってかまわないのです。ハード・クレーマーの目的は、安全に手間をかけずに賠償金を得ることなのですから。

逆に、自店では安全に手間をかけずに賠償金を得ることができないということを、早めに知らせてあげたほうがハード・クレーマーにとっても親切というものです。彼らも可能性のないところにいつまでも関わっているわけにもいかないでしょう。

私も、当初、ハード・クレーマーへの対応を変えてから、売上が落ちるかもしれないと心配していました。ところが、そうなることはありませんでした。ホームページの掲示板を荒らされたりすることもありませんでした。

さらに、意外なことに、**徐々にハード・クレームが減っていった**のです。ハード・クレーマー同士、情報を共有しているのではないかと思ったぐらいです。

いつまでもハード・クレーマーにびくびくしていては、クレーム対応どころではありません。安心できてこそ、よいクレーム対応ができるようになり、オーディナリー・クレーマーをリピーターへと成長させていくことができるのです。

ハード・クレーマーも暇ではない。つけ込めないところには関わらない。

オーディナリー・クレーマー対応①

7 オーディナリー・クレーマーはクレームを言ってきた時点でリピーター

次に、オーディナリー・クレーマーの対応について話を進めます。

彼らがクレームを言ってくるのは、その会社やお店とまだ付き合いたいからです。

1章で話しましたが、クレームを言われる側よりもクレームを言うほうが、時間と労力と勇気がいるのです。

しかも、友人や知人に言いふらしたり、ブログやツイッターにも書かず、店に直接言いに来てくれたのです。単に頭にきたのなら、陰で悪口を言っていればいいのです。そのほうがよっぽど店にダメージを与えられます。

オーディナリー・クレーマーがここまで労力とリスクをかけるのは、またお店を使いたいからに他なりません。お店に魅力を感じているのです。

ですから、余計、またお店に行って同じような嫌な目にはあいたくないのです。恋人に、どうしても嫌いなところを直してほしいと頼み込んでいるのと同じです。まだ好きで付き合いたい。だからこそ、余計直してほしいのです。

クレームを言ってきたお客様は、問題が解決されれば5～7割の方がまた利用し、速やかに解決されれば、8割以上ものお客様がまた利用してくれています。

クレームを直接お店に言いに来た時点で、そのお客様は既にリピーターです。

クレームを言ってくるということは、少なくとももう1回は来るということを自ら公言しているようなものなのです。

クレームを言ってくる人は「もう一度来る理由」を求めている！

8 オーディナリー・クレーマー対応②
オーディナリー・クレーマーのニーズはごく普通

オーディナリー・クレーマーの主なニーズは、

- **真剣に話を聞いてほしい**
- **謝ってほしい**
- **問題を解決してほしい**
- **事情に合わせてすぐに対応してほしい**

です。

オーディナリー・クレーマーのニーズはお客様なら誰しもが思うごく普通のことで、満足するとリピートしてくれるため、最も対応しがいのあるクレーマーなのです。お店の隠れた応援者とも言えます。

また、オーディナリー・クレーマーのクレームの内容はごく当然のことです。7割程度がこちらのミスであり、3割程度がお客様の誤解です。

包装が汚い、送り先が間違っている、商品が違う、など当たり前のことばかりです。

彼らが求めているのはお金ではありません。謝罪と改善、補償、それらが迅速に行なわれることです。

また、クレームを言ってきたお客様は、手間やリスクを乗り越えてわざわざやって来ています。彼らが最初に欲しがるものは、話を真剣に聞いてくれることです。

自分の話を真剣に取り合い、起こったことや自分の気持ちを理解整理してくれることです。その次に謝ってくれること、そして最後に問題を迅速適切に解決してくれることを望みます。

さらに、「もし、店員が真剣に取り合ってくれるのなら、店員はすぐに対応し、問題を解決するためにいろいろと考えてくれるはず」とも思っています。

つまり、

- **話を真剣に聞き、**
- **気持ちを汲んでくれ、**
- **謝って、**
- **迅速に対応し、**
- **問題を満足に解決してくれれば、**

オーディナリー・クレーマーは、そのお店をとても誠意のあるお店だと思い、自分はとても大切にされていると確信できるのです。当然、これからもお店を利用してくれるはずです。

オーディナリー・クレーマーは
自分を大切にしてくれている証拠を欲しがっている。

9 オーディナリー・クレーマー対応③

まずはオーディナリー・クレーマーと信頼を築こう

オーディナリー・クレーマー対応のはじめとして、クレームを言ってきたお客様と信頼を築かなければなりません。

それは、クレームを言ってきたお客様は、以前からいろいろなお店で散々な目に合ってきているからです。これは、お客様にとっての小さなトラウマです。

たとえば、携帯電話の修理の場合。

3年安心補償に加入して毎月500円も払っているのに、いざお店に相談してみると、

「これは補償の対象になるかメーカーに出してもらわないとわかりませんね。とりあえず出してみてください」

などと無責任に言われ、しばらく経つと、

「修理費5000円です。どうしますか？」

と、いきなり説明もなく販売店から携帯にメールが入っています。

販売店にどうして費用がかかるのか説明を求めても、「メーカーに聞いてみないとわか

りません」の一点張りです。結局、携帯が使えないと困るので納得がいかないまま、修理費5000円を払います。

おそらく大抵の人が、多かれ少なかれ同じような経験をしているのではないでしょうか。

一方、クレーム対応に意味を感じていないスタッフのほうも、逃げ腰です。

だいたい、店員の7割近くが「クレーマーはしょうがない奴だ」と思っており、6割近くが「はじめからクレームは避けよう」と考えています。

また、店員の3割は「お客様が自分で文句を言ってきたくせに私（店員）の話を聞かない」と感じ、店員の3割弱が「クレーマーが何を考えているのかわからない」と言っています。

さらに、店員の2割弱は「どうせ、しまいには怒鳴り出すだろう」とあきらめてしまっています。1～2％のスタッフだけは、「押し返してやろう」とお店を守る気でいます。

ですから、クレームがきたとき、スタッフの多くは「面倒だ」とか、「適当に対応しておけばいいや」と思っており、はじめから半数以上が逃げ腰なのです。

クレームを言ってきたお客様は、話さえ聞いてもらえないかもしれないと不安に思っており、スタッフのほうでも、クレームと聞いただけで逃げ腰です。

そこに信頼が築けるわけがありません。

信頼感がないと、クレームを言ってきたお客様はスタッフの話を聞き入れません。すると、スタッフのほうもお客様の話を聞かない態度に嫌気がさしてきます。そうやって、**負の連鎖が起きてしまう**のです。

これを断ち切るのが、まずスタッフのほうがクレームを言ってきたお客様の話を十分に聞いてあげるということなのです。

次項で詳しく説明しますが、クレーマーを信頼させる最も簡単で効果的な方法は「話を聞いてあげる」という単純なことなのです。

お互い逃げ腰なら、こちらから話を聞いてあげて信頼を築こう。そうしないと信頼関係が築けない。

10 オーディナリー・クレーマー対応④

オーディナリー・クレーマーの話を聞く

話を聞くには、まず、話を聞く態度を整えます。スタッフが、「お客様がわざわざクレームを言ってきてくれてありがたい」と思わなければ、とてもクレームをじっくり聞く気にはなりません。

そのためには、オーディナリー・クレーマーの話を聞くことの重要性を理解しなければなりません。リピーター作りに欠かせないことや、信頼感作りに最も効果があることを学ぶ必要があります。

それを理解できて初めて、お客様に接するときの体の向きや瞳孔の大きさ、うなずき、興味を持った質問などが自然と出るようになります。

次に、**事実よりも先に気持ちを汲みます**。よく話の内容にばかり気をとられる方がいますが、それではうまくいきません。

クレームを言ってきているお客様は、経緯や状況をきちんと理解してほしいとともに、商品が壊れて楽しみが奪われた悲しさや、わざわざここまで商品を持って来たことなどの苦労をわかってほしいと思っています。

オーディナリー・クレーマー対応は、事実と気持ちの両方を聞くことが必要なのです。

特に相手が怒っているときは、事実よりも先に気持ちを汲むことが大切です。


聞き方のポイントは、**インナーワークを止める**ことです。インナーワークとは、自然と考えてしまうこと、頭の中で呟いてしまっている状態を指します。

たとえば、テニスの練習のとき、コーチの言っていたことを呟いてしまっています。

「右足を大きく前に出し、肩をひねり込んで、ボールを引きつけ、ここだと思ったところで一気に振り抜く！」

こんなことを、頭の中で呟きながら打っているのです。


普段なら、多少他のことを考えていても、話している相手は気になりません。しかし、クレームに対応しているとき、特に最初に話を聞くときはNGです。きちんと聞いていないことがすぐにバレてしまいます。

理由は簡単です。クレームを言ってきたお客様は、**自分の話を聞いてくれるか心配しながら来て、話しはじめている**からです。無意識に、この店員さんは聞いてくれる人なのかチェックしているのです。

このとき、「この店員は聞いてくれない」と思われたらおしまいです。「やっぱりそうか」と思われ、その後、こちらから話すことは聞き入れてもらえなくなります。そこで無理やり説明したりすると、余計こじれてしまいます。**普通のクレームがハード・クレームになってしまう**原因はここにあります。

インナーワークを止める方法として効果的なのは、話している相手の言っていることを頭の中で復唱することです。

さらに、話の内容をイメージすることで、自分の中での呟きをなくすことができます。自分の脳に、余計なことを考える暇を与えないのです。

インナーワークをなくすと、自然と聞く態度になり、聞いていることが相手に伝わります。これが伝わると、信頼してもらえるようになります。

インナーワークを止めて、お客様の声をしっかりと聞く姿勢になろう。

11

オーディナリー・クレーマー対応⑤

オーディナリー・クレーマーに謝罪する

クレームを言ってきているお客様の話がじっくり聞ければ、基礎の出来上がりです。

あとは、謝罪して問題を迅速に解決していけば一安心です。

謝罪と言っても、2種類あります。

最初は、クレームを言わなければいけないような不愉快な経験をさせてしまったことへ謝ります。この謝罪は、クレームの内容には関係ありません。

たとえお客様が全面的に間違っていたとしても、ここまでの苦労に対して謝るわけです。

「もし、もっとうまく説明したいたらこのお客様は誤解しなかったもしれない」といった、謙虚な姿勢をとるわけです。

「ここまでする必要があるのか？」と思われる方もいると思いますが、お客様は、お店から断られるということに慣れていません。経緯の事実確認後にお客様のお願いを断ることもあります。

ですから、その前に、お客様自身を認めておくわけです。「お客様のお願いを断るからといって、お客様を否定しているわけではありません。大切に思っています」という気持ちを伝えます。

次に、事実を確認していき、こちらがミスをしていたり、商品が壊れていたりすれば、素直に謝ります。

このとき、気をつけなければいけないことがあります。**ミスや間違い自体については謝りますが、補償は別**です。謝ったからといって、全面的に責任を負うわけではありません。あくまでも、ミスや間違いをしたという事実について謝るわけです。

口を滑らせて、「全額補償いたします」などとは言ってはいけません。「大変申し訳ありませんでした」どまりにしましょう。

謝罪するのは自社の責任範囲のみ。
何でも謝ってしまうのは責任範囲がわからないから。

12 オーディナリー・クレーマー対応⑥

オーディナリー・クレーマーに補償しなければならなくなったら

補償の額やその方法については、法律や自社の決まりに従うことになります。

このとき、ここまでの間にお客様と担当しているスタッフとの間に信頼関係ができていないと、ここでこじれることになります。

弁償や補償については、こちらからの提案になるわけです。

クレームを言ってきているお客様が提案を受け入れるかどうかは、**提案を言っているスタッフがお客様から信頼されているかどうかにかかっています**。

「なんかこの人嫌だな」と思われていたら、「もっときちんと責任をとってください」などと言われかねません。スムーズにいくかどうかは、「話を聞いてくれていた」と思われているかどうか、最初に対応したときにかかっているのです。

また、補償も重要ですが、お客様は、こちらのミスや商品の欠陥、またはお客様自身の誤解によって問題を抱えています。この問題を解決してあげることが必要です。

以前、私が経営していた会社に、ビデオカメラが急に壊れたとクレームを言ってきたお客様がいました。最初に応対したスタッフが気に入らなかったのか、かなり怒っていました。壊れた原因はというと、鞄の中にビデオカメラを裸で入れておき、その鞄をどこかでぶつけたようなのです。このような場合、通常は無料での修理は無理です。

さらに話をよく聞いていくと、家族旅行の楽しい様子をビデオに撮ってビデオレターのようなものを作り、祖父母に送りたかったようなのです。

そこで、修理が完了するまでの間、店のビデオカメラを無料で貸し出すことを提案しました。また、ちょっと面白い撮影の仕方を教えてあげて、家でビデオレターを作って送ってはどうかとアドバイスしました。

すると、すんなりビデオカメラを有料の修理に出して、お帰りになったのです。

このように、お客様がなぜクレームを言っているのかを聞くことも、信頼につながる補償対応のポイントです。

金銭の補償も重要だが、
お客様のしたかったことを実現してあげることも補償。

13 オーディナリー・クレーマー対応⑦

オーディナリー・クレーマーは迅速な対応をすると喜ぶ

オーディナリー・クレーマーは、迅速に対応するととても喜んでくれます。

お客様が驚くほど迅速にクレーム対応をするには、2つの準備が必要です。

1つ目は、**関係者間の連絡網と協力体制を整える**ことです。連絡網は、携帯メールやグループメール、Twitterなどで構築していくとよいでしょう。

ダスキンのある代理店では、クレーム問題が起こると、社長の携帯にメールで連絡がいき、たとえ会議中でも、その場で決裁を出してくれます。社長が、日本中どこにいても1時間もかからずに最終決裁が下り、現場がどんな対応でも迅速にとれるようになっているのです。

また、関係者が自分の仕事をいったん後回しにしてでも最優先で協力する体制ができていることが大切です。

たとえば、キッチンのリフォームの完成時に、「ショウルームで見たものと色が違う」

とクレームを言われた場合、経理でも営業でもすぐにショウルームに行ってキッチンの写真を撮り、メールで送ってもらいます。そして、「今撮った写真です」と言ってお客様に見てもらいます。正直、写真だけで色味はよくわからないのですが、その対応の速さに驚いて、大抵のお客様は納得していただけます。さらに、お客様のイメージに近づけるための方法として、背景の壁紙の色を変える追加の仕事が狙えるようになります。

販売店が初期不良で商品を交換したり修理を受けた場合は、社内では、クレーム品専用伝票を作り、最優先で処理するようにします。また、なるべく納期や費用もお客様の目の前ですぐにメーカーに問い合わせます。このとき、「メーカーの○○さんに問い合わせたところ……」と個人名を伝えます。お客様に、関係者が協力して迅速に対応している雰囲気を示すのです。

このような体制ができていると、対応のスピードが驚くほどアップします。これまで2日かかっていたものが半日でできたりして、クレーマーを驚かせるのに、最もやりやすい方法です。

2つ目は、**現場に決裁権を持たせる**ことです。お客様からのクレーム対応において、その場でスタッフ自身の判断で商品を交換したり、商品券を差し上げたりできるようにするのです。

そのためには、予算を使うルールを設定します。ルールは、「そうすることによってそのお客様がリピーターになると思われる場合に使う」というものです。リピーターにするのが目的であれば、それは補償や賠償ではなく、**リピーター作りのための投資**となります。

そうは言っても、ルールを作っただけでは「自分のミスをごまかすために使う」人が多くなってしまいます。

そのため、ミーティングで予算を使ったケースについて話し合うことが必要です。すべてのケースについて話す必要はありません。毎回順番に、１つのケースについて振り返ることで、効果が出ると思います。

↓

クレーム対応は、お客様が驚くくらいの迅速さで行なおう！

3章

サイレント・クレームを引き出す対応方法

① そもそもサイレント・クレームとは？

2章ではハード・クレーマーへの対応方法とオーディナリー・クレーマーをリピーターにする方法について説明しましたが、3章では、直接文句を言わずに陰で悪口を言いふらすサイレント・クレーマーの対応方法について話していきます。

次ページの図は、お客様の満足度を図にしたものです。縦軸は満足度を示しており、中心が満足度3、一番上で満足度5、そして一番下が満足度1になります。

満足度が5だと、大満足し、友達に紹介したりそのお店に連れて行きたいと思ったりします。反対に、満足度が1ではクレームになります。

横軸は、サービスや品質のレベル、また、お客様が抱く期待のレベルを示しています。真ん中が普通のサービス、左に行くとレベルの低いサービスになり、右に行くと徹底的に行なわれ、高いレベルのサービスが提供されることになります。

図には3つの線があります。**当たり前曲線**、**感動曲線**、**期待直線**です。

サイレント・クレームはこんなに大きい

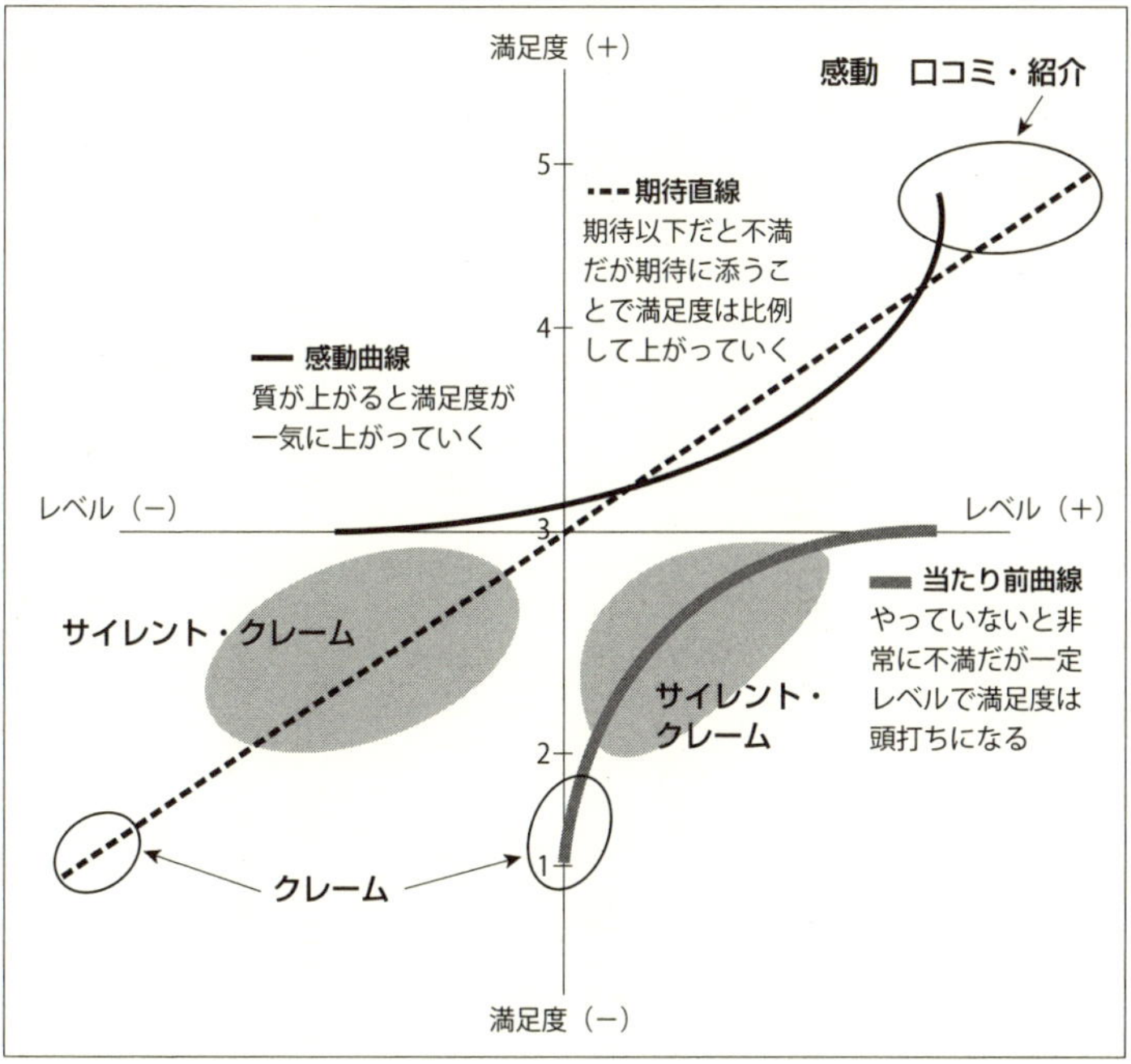

当たり前曲線の特徴は、頑張れば満足度が3程度まで上がりますが、それ以上はいくら頑張ってみてもお客様の満足度が上がらないということです。

逆に、少しでも手を抜くとクレームになってしまいます。気が抜けません。

期待直線は、努力の度合いに比例して、1から5まで満足度が変わっていく、わかりやすいものです。期待どおりであれば満足度が3～4、期待以下では満足度が2～1と下がっていってしまいます。

サービスや商品を提供する前にお客様の期待の内容とレベルがわかっていれば、満足度を確実に上げていくことができます。

感動曲線は、お客様が想定外のよいサービスや性能に出会い、驚き感動した場合を示しています。しかし、もともと想定していなかったので、なければないで気にならず、たとえレベルが低くても不満にはなりません。

お客様のツボにハマれば、お客様は感動し、記憶に残るお店になることができます。感動は記憶に残るものです。

このグラフの中で、薄い網で囲まれているところがサイレント・クレームです。そして、その下の丸で囲ったところが、クレームです。

当たり前曲線では、サービスなど、少しでも手を抜くととんでもないことになります。例えば、お店に入って5秒以内に「いらっしゃいませ」と挨拶をしないと放っておかれているという感じを抱かれてしまいます。また、注文も座ってからすぐにとりに行けばせかされているように感じさせてしまい、メニューを見てだいたい決めた頃を見計らって行かないと、放って置かれた感じを与えてしまいます。

そのため、サービスレベルが下がると満足度曲線が一気に下がっているのです。そして、すぐにクレームになってしまいます。

お客様は、スタッフが注文をとりに行かなくても一定時間は待ってくれます。この時点では、お客様は不満を口に出さないように我慢しています。

これが、サイレント・クレームの領域なのです。

期待直線から、**お客様の期待に応えられないと、すぐに不満足感を生じさせてしまうこ**とがわかります。

しかし、当たり前曲線とは異なり、期待に応えられなくても不満足度は急激には下がっていきません。これは、お客様が期待は自分が勝手にしているものとわかっているからです。

ですから、よほどひどいなと思えるときしかクレームは言いません。その結果、不満があっても言わないサイレント・クレームの領域が広くなっているのです。
この図では、中心の横軸のある満足度3からその下の満足度2までの幅が広いことに気づくと思います。この幅が広いのが、日本人の特徴なのです。お店に直接不満を言う人は少なく、サイレント・クレーマーが多いのです。

お客様の期待に越えられないと、なんとなく物足りなさが残り、サイレント・クレームになってしまう。

2 サイレント・クレーマーのニーズ

お客様は次の「○○するべき」という考えを持っています。

・店員は、言わなくても客の思っていることや気持ちを汲み取るべき

お客様は、店員は自分の意思を言わずとも汲み取ってくれる、またはそうするべきと思っています。

・店員は、客をみな平等に扱うべき

お客様は、他の客と比べて、自分にも同じサービスが提供されているのか、平等に扱われているか、ということを常に気にしています。

しかし、反対に、

・他の客からワガママな人（クレーマー）とは思われたくない

とも思っています。ですから、直接文句を言うことはできません。そのため、それとなく間接的に伝えようと努力するのです。

もし店員が、それを理解できないと、「KYな奴に何言っても無駄」となってしまい、完全に何も言わなくなってしまいます。

サイレント・クレーマーのニーズは、

- **安心安全である（ケンカになったりクレーマー扱いされたりする心配がない）**
- **間接的に伝えられる（直接口頭や電話で言わなくてもいい）**
- **クレームが現場に反映され根本的に問題が改善される**

などです。

また、私たちはサイレント・クレーマーにこう思われています。店員のクレームに対する基本的な姿勢は、

- **改善したフリだけをして根本的な部分は変えない**
- **クレームを言われても謝るだけ**

そして、もしクレームを言ったら、

- **クレーマーだと言われ、要注意人物としてマークされる**
- **電話番号など個人情報を握られていて悪用されかねない**

・不快な態度をとられ、ひどい場合には逆切れされ、ケンカになる

とも思っています。

不満を感じさせるようなお店とは、はじめから関わりを持たないと固く決めてしまっているお客様もいます。このようなお客様には対応のしようがありません。

一方、サイレント・クレーマーは自分のことをこうも思っています。

①直接には、とても言えない小心者

②直接話すとすぐに頭に血が上ってしまって、言いたいことをちゃんと言えない

つまり、直接クレームをつけられないことは自分にも責任があるということを自覚しているのです。

しかし、サイレント・クレーマーが不満を解消したくないわけではありません。でも、直接は言えない。だから、多くの友人や家族に話すわけです。

では、どのようなニーズが一番重要なのでしょうか？

多くのオーディナリー・クレーマーは我慢に我慢を重ね怒っていますので、話をきちんと聞いてくれて気持ちを受け止めてくれることが最優先ニーズでした。

これに対し、サイレント・クレーマーは怒ってはいません。最優先ニーズは身の安全です。クレームを言っても絶対に不愉快な思いをすることはなく、個人情報もきちんと保護され安心していられることです。

次に、直接話すことが苦手な自分のために、アンケートや、ノート、メールなどいくつか直接言わないで済む別の方法が用意されていることを望みます。

そして、危険を冒してクレームを伝えたからには、問題が根本的に改善されることを期待しています。

サイレント・クレーマーは、それほど強く謝罪や補償を求めてはいません。

- **クレーム対応の窓口に安全に伝えられる**
- **間接的に伝える方法が用意されている**
- **現場が目に見える形で改善されていく**

といったことを求めています。

オーディナリー・クレーマーが、問題の解決とともにクレームをつけた自分への対応を中心に考えているのに対し、サイレント・クレーマーは問題の解決とともにクレームを伝える方法に意識が向いています。
クレームを伝える方法を複数用意しておくことが、サイレント・クレーマーへの対策の1つになります。

サイレント・クレーマーは自分の安全・安心を第一に考えている。なので、クレームを言いやすい環境をできるだけ多く用意してあげよう。

3 クレームを言わない3つの理由

サイレント・クレーマーが不満を言わない理由は3つあります。

それは、

①不愉快なお店への仕返し
②言うと嫌な思いをするから
③もともと面と向かって主張するのが苦手だから言えない

です。以下に、そうしたサイレント・クレーマーがどのような行動をするのか、詳しく説明していきましょう。

①不愉快なお店への仕返し

不満があるのにあえて言わない、要望があるのにあえて伝えないというのは、逆に言わない、伝えないという態度をとることで、意思表示をしているのです。

「不満を言ってあげない」ということで抗議行動をとっているとも言えます。

なぜ、そんなことをするのでしょうか？

それは、長い目で見ると**不満を伝えないことが一番相手にダメージを与える**と考えているからです。

この人たちは、まず、そのお店や商品を自分の選択肢の中から外してしまいます。そして、友人や知人にも、自分のように選択肢の中から外すことを勧めます。

この方法は、最もやりやすく、効果的な「報復」と言えます。多くの人が心当たりがある行為なのではないでしょうか？


特に東京の場合には、何も言わずに二度と行かない人が多いといいます。

たとえば、大阪に本店がある焼鳥店の店長は、

「大阪とは違い、東京ではお客様からのクレームが少ない。しかし、クレームをおっしゃらない代わりに、二度と来店されなくなってしまいますので、常にお客様の表情を見て、私たちが正しいサービスを提供しているか気を配っています」

と言っています。

②言うと嫌な思いをするから

また、不満があるのに言えない、要望があるのに伝えられないと思っているお客様が多くいます。

「せっかく勇気を出して相手のためを思ってクレームを言ってあげたのに、クレーマー扱いされ、ひどいことを言い返されて傷ついた」という経験を持っている方です。

たとえば、長年同じお店やデパートで買い物をしており、自分はあのお店やデパートの常連で応援していると思っている方がいました。

一方、お店やデパートの店員はそうは思っていません。顔も覚えていないし、何年使ってくれているかも知りません。他のお客様と同じようにしか見えないのです。

こんなときに悲劇が起こります。

ある50代の主婦が、行きつけのデパートの鮮魚売り場でクレームを言いました。

「先日買ったイカ、少し匂いがしたわよ。大丈夫なの?」

(主婦の本音:「保管体制は大丈夫なのかしら、お店が心配」)

それに対して店員は、

「いえいえ、調べましたが、匂いがしたというお話はお客様だけですから……。特に問題はないと思います。とりあえず、商品は交換させていただきますので」

(店員の本音:「買ってから食べるまで、どこか熱いところにでも置きっぱなしにしたのでは? 腐っていたとか言われたら信用問題になるよ。とりあえず交換して、これ以上文句を言わせないようにしよう」)

この店員の本音は、一瞬で主婦に伝わってしまいます。

主婦にしてみれば、この店のことを思って言ってあげたのに、逆にクレーマー扱いされたように感じたのです。主婦としては、頭にくるやら、落胆するやら、なんとも苦々しい気分です。

こんなひどい仕打ちを受けたことのある人は、二度とクレームは言わなくなってしまいます。

よほどのことがない限り、黙っているようになって当然です。次にこの主婦がクレームを言うときには、完全に怒っているときでしょう。

だから、クレームを言ってくるお客様の多くがはじめから感情的になっているのです。

③もともと面と向かって文句を言うのが苦手だから

とても繊細なお客様も少なくありません。

「小心者の私には、直接はとても言えない」

「店員を目の前にして話すとすぐに頭に血が上ってしまって、言いたいこともちゃんと言えない」

こう思っているお客様が多いのです。

こういったお客様はとてもまじめで、「自分は気が小さく面と向かって主張するのが苦手であり、直接クレームを言えないのは自分にも責任がある」ということを自覚しています。

しかし、不満を解消したくないわけではありません。だからこそ、友人や家族に話したり、ブログに書いたり、Twitterにつぶやくわけです。

このような繊細な神経を持っているお客様に対しては、**こちらから要望や不満を引き出してあげる**ことが必要になってきます。

サイレント・クレーマーは、黙って行かなくなることで不満を表す。しゃべるのが苦手な場合も多いので、こちらからお願いして話してもらおう。

4 権限を持っていないスタッフにクレームは言えない

ここまでサイレント・クレーマーのクレームを言えない性質について話してきましたが、こちら側にもお客様にクレームを言えなくさせている大きな原因があります。

19ページでも述べたように、日本では、不満な出来事が2回続いても、クレームをつけるのは100人中たった2人です。

反対に、一番のクレーマーはイギリス人だそうです。しかし、店側もお客様に対して基本的に対等で、少々間違ったぐらいでは謝りません。こちらが少しでも語気を荒げようものなら、「帰ってください」と言われてしまいます。

しかし、「○○で困っているので何とかできないか」と相談して、「なるほど」とか「かわいそうだな」と思えば、その場で対処してくれます。

ですから、困ったり文句があったりしたら、言わない手はありません。反対に、こちらのことを察してくれるということはないので、言わなければ、何も変わらないのです。

日本では、お客様対応がとても丁寧で、クレームを言わなければならないようなことはあまり生じません。

しかし、いったん問題が起きると融通が効きません。

「すみません。それしかできないのです」「申し訳ありません。当社ではそういうことになっておりまして……」と言うばかりで、どうしたらいいか一向に答えてくれません。

謝り方は丁寧なのですが、早く終わらせたいといった感じです。その結果、「もういいから上司を呼べ！」となってしまうのです。

日本では、店頭のスタッフはあまり権限を持たせてもらっていません。権限を持たせない代わりに、クレームが出ないようにサービス全体のレベルを上げようとしています。

ですから、サービスはいいのに、クレームがきたら何もできないのです。何もできないから、クレームがこないように願い、きたら殻に閉じこもってしまうのです。

「クレームこないで」オーラをお客様が感じてしまうと、少しぐらいのクレームや不満は黙って飲み込んでしまいます。

「クレームがきたら私が何とかしましょう」と思っているスタッフにはクレームを言えますが、クレームを避けているスタッフには言えないものです。

お客様は、「権限も何も持っていないスタッフにいくら言っても、謝るだけでどうせ何もできない」と思っています。また、「『責任者を呼べ』などと言えば、クレーマーになってしまう」とも考えています。

まともなお客様にとって、スタッフが何の権限も持っていないということは、クレームを言いにくくしています。「お客様がクレームを言いやすい」ということが接客のひとつであるとすれば、今は大抵のお店がとても接客レベルの低い状態だと言えます。

スタッフがクレームを聞く準備をしていないので、お客様は小さな不満さえ言えない。

5 業種別サイレント・クレームの特徴

サイレント・クレームは、業種業態によって大きく次の3つに分けることができます。

①お客様の困りごと解決型
②お客様の悩み解決型
③現状向上型

①困りごと解決型業種は、お客様が抱えている病気、家電器具の壊れ、家ではとれない服の汚れとりなど比較的深刻な問題を解決するものです。病院、修理業、クリーニング業、リフォーム業などがこれにあたります。

②悩み解決型業種は、日常的なニーズに応えるもので、普通の飲食店、ファミレスなどがこれにあたります。

③現状向上型業種は、お客様に感動体験を提供し楽しませるもので、高級レストランや観光業などがこれにあたります。

クレームになりやすいこと、潜在的な不満になりやすいことは、業種ごとにその特徴が異なるということです。次から詳しく説明していきましょう。

①病院や修理などの困りごと解決型業種の場合

お客様は自分の抱えている困りごとを必ず解決してくれると期待して、あなたのお店や会社を選んでいます。

このため、必ず解決できることが絶対で、できなければ大クレームです。そのうえで、お客様が解決されるまでに抱く不安を和らげることが求められています。

また、お客様のほとんどが固定客であることも大きな特徴です。

もし、あなたがお客様の困りごとをうまく解決した場合、他のお店や会社では解決できないかもしれないので、簡単にはよそへ変えることはしません。よほどのことがない限り、変えるリスクは負わないものなのです。

そのため、新規のお客様は1割程度、お客様のほとんどが固定客となっているのです。

困りごと解決型業種の場合、困りごとを解決できないとクレームになり、お客様が抱く不安を和らげることに配慮が足りないとサイレント・クレームになります。

②ファミレスや旅行代理店などの悩み解決型業種の場合

はじめから選択肢の1つのお店として思ってくれているお客様が6割と一番多く、固定客は3割程度、新規のお客様は1割と、常連さん主体です。いつも決まって来てくれるのではなく、そのときの目的と気分で来てくれているという感じです。

お客様はそれほど困っているわけでもなく感動を求めているわけでもないため、商品の質や効能、接客などにたいして期待はしていません。他店と比較して料理を待たせずに出すなど、当たり前のことができていれば問題はないのです。

逆に言うと、料理が出てくるのが遅いなど、基本的なことで他店と比べて著しく劣るところがある場合、クレームになります。また、居心地が悪いとサイレント・クレームにつながってしまいます。

③高級レストランやテーマパークなどの現状向上型業種の場合

お客様にとって、観光や高級料理店などに行くのは、感動体験を得るのが目的です。ツアーやおいしい料理は、その感動を引き出すためのツールなのです。

ですから、感動を引き起こす演出、エンターテイメント性が重要になってきます。お客様は新しい感動を求めているため、次から次へとお店や商品を変えていきます。

そのため、固定客が少ないのがこの業種の特徴です。固定客は2割、たまに来てくれるお客様が4割、新規のお客様が4割程度です。

高級店ですから、商品の質や接客が一定以上であるのは当たり前で、よくない場合にはすぐにクレームになります。

問題はあまり感動しない場合です。感動が期待以下、つまり期待外れであった場合、特に文句は言わないのですが、他のお店に行ってしまいます。

もともと移り気なお客様が多く、嫌なら他へ行けばいいと思っています。そのため、不満はなかなか集められません。このような場合は、第三者に集めてもらうことが必要でしょう。

業種別の不満の特徴を知って、サイレント・クレームを引き出していこう!

6 サイレント・クレームを言わせる7つの方法

ここまで、サイレント・クレーマーの特徴について話してきました。

もし、何も言わないサイレント・クレーマーに不満を言わせることができたら、リピーターを増やしていくことができます。

では、いったいどうやったらサイレント・クレーマーに不満を言わせることができるのでしょうか？

①お客様に対する恐怖心を克服して言われやすくなる

当たり前のことですが、なかなか本音を言ってくれないお客様から、サイレント・クレームを引き出すのは簡単ではありません。

まず、ベースを作らなくてはなりません。それは、言われやすくなるということです。

しかし、単に言われやすくなっただけでは、不機嫌なお客様のサンドバックになってしまいます。

サイレント・クレーマーに不満を言われやすくなるためには、お客様と対等の関係を作る必要があるのです。

お客様と対等の関係を作る第一歩は、お客様に対する恐怖心をなくし、自然体でいることです。他人は、自然体の人には話しかけやすいものです。

しかし、今までむちゃくちゃなことを言われてきた私たちは、そう簡単に、お客様に対する恐怖心をなくすことはできません。

クレーマーに対する恐怖心を減らす方法は3つです。

- **責任を課さない（すべての責任はその社員を採用し配属した社長にある）**
- **権限を持たす（自分の采配でクレームを解決させ自信を持たせる）**
- **リーダーが守る（リーダーが、従業員をクレーマーの人格攻撃から守る）**

ダスキンの代理店をしている株式会社武蔵野（従業員360名、売上35億円）は、クレームが発生しても社員を責めません。社長は、ことあるごとに責任はその社員を採用し配属した社長にあるといい、24時間会議中でもクレームの対応をしています。

また、クレーマーに一定のひどい行動が見られたら、「帰ってください」「警察を呼びますよ」などと強い態度に出ていいというルールを決めておくことです。

これは、具体的にどのような行動を指すのか、ミーティングでロールプレイングを行なって体験しておくのが効果的です。

最後に、最も効果的なのが、リーダーがスタッフを守るということです。

もし、スタッフがクレーマーに恐怖感を覚えていたら、まず「お客様、そこまで言わなくてもいいと思いますが」や「この人はうちには大切な人材なんです」とスタッフを守る一言を言ってください。

スタッフをこわがらせるということは、お店を壊していることと同じことなのです。

また、「クレーマーに対するマイナスイメージ」を変えることも大事です。

株式会社ホンダクリオ新神奈川の相澤社長にお会いしたときに、「お客様がいろいろ文句を言ってくるのは、『営業マンに騙されるかもしれない、こわい』と思っているからなんだ。そんなこわがっているお客様を助けなければいけない。そう思うようになったとき、売上が伸びていった」と言っていました。

②お客様の希望をなんとか叶えてあげようとすると対等な関係になる

恐怖心が和らいだら、次は自信をつけます。自信を持つのに必要なのは、お客様に対してするべきことはしている、できる限りのことはしているという自負心を持つことです。私たちは、毎日毎日、当たり前のように、最高の接客・接遇をしていると思っています。しかし、お客様のことを第一に考えているとは言えません。

お客様が自店に置いていない商品を買いに来たり、品切れしていたりしていたとき、「申し訳ありません」と言うだけで済ませていませんか？

商品を見て自分のお店で買ったとわかるのに、レシートがないと返品はできませんと簡単に断っていませんか？

お客様に個別の事情があるのに、「皆さんそうしていますので」と、話を聞くことさえ避けていませんか？

売上にならないから余計なことは教えない、返品はお金が出ていくから極力断るもの、いちいちお客様の事情に合わせていたらきりがない。ましてや、下手に返品を受け付けてしまったら店長に怒られるなどと考えていませんか？

しかし、私たちは、本来、たとえライバル店であっても紹介したり、お客様個々の事情を汲んだりして、できるだけなんとかしてあげたいと思っているものです。

お客様と並んで同じほうを向いて、一緒になんとかできないか考えていく。そんな、対等な関係を作りたいものです。

そのためには、したほうがよいなと思っていることは実践しましょう。

お客様が自店に置いていない商品を買いに来たり、品切れしていたら、他の店を探してあげましょう。

レシートがない商品でも、買った人やその商品を見て自分のお店で売ったのだとわかったら、返品は受け付けるようにしましょう。

赤ちゃんを抱えているなど、お客様に特別の事情があるのなら、話を聞いて、なんとかできないか考えましょう。

こうするだけで、お客様との関係がまったく変わってきます。

都や区などでは、お店などからの融資の相談を受け付けています。場所にもよりますが、実は、この融資の相談でもクレームがあります。

「申込書類が多くて複雑すぎる」「昨日はこれで書類は全部揃ったと言ったのに、今日になって別の書類が必要だという」といったようなクレームが絶えません。

私もこの融資の相談係をしていたことがあるのですが、担当したときは、「とにかく、相談に来られた方が保証協会に書類審査だけでも受けられるようにしよう」と思って、対応していました。

書類や日程などさまざまな制約がある中、書類不足があってもなんとか他の書類で代替できないものか、保証協会まで少ない日数で書類が回るようにできないものか、いろいろ考え、他の部署に相談したりしました。たとえ、可能性がないと思っても、上司や他の部署に掛け合いました。

すると、この努力をしている様子を相談に来られた方が見て、結果が駄目でも納得してくれるのです。逆に、お礼を言ってくれる方もいらしたぐらいです。

そうしていると、店の品揃えやメニューなどについてなど、融資以外のことについてもいろいろ相談されるようになったのです。

つまり、相談者の不満の多くは、規則に対してのものではなく、何もせず、はじめからダメなものはダメとはじいていく担当者の、融通のきかない冷たい態度に対してのものだったのです。

来店されたお客様の希望をなんとか叶えてあげられないかというスタンスで接すると、お客様と対等な関係になってきます。

対等な関係になってくると、お客様が本当に困っていることやしてほしいと思っていること、本音を話してくれるようになってくるのです。

③まず、「お得意様」にお願いする

クレームを初めて集める場合、まずは「お得意様」にお願いすることが基本となります。いきなりクレームを幅広く集めては、ショックで仕事が嫌になってしまいかねません。

お得意様は、私たちをよく見ており、応援もしてくれています。店をよりよくするためにクレームを言ってくれる、とてもとてもとても大切なお客様です。

お得意様は、もちろん、これからも来たい、使いたいと思っています。しかも、商品や会社のこと店のこと、私たちの事情をよく知っています。

お得意様はお客様というよりも、お客様と私たちとの間の立場にいる存在で、普通のお客様から見たら私たちの側にいるように見えます。ある意味、私たちについてよく知っている私たちの専門家です。

また、私たちの商品やサービスに高い価値を感じてくれるメインのターゲット客でもあります。

一方、サイレント・クレームを集めるときに大切なのは、価値あるクレームを集めることです。価値あるクレームを集めるには、誰に聞くかが重要な問題です。

この意味で、お得意様に聞くというのは、最も間違いのないことです。私たちの専門家に、日頃私たちについて思っていることを聞くのですから、価値ある意見が出るのは当たり前です。

そうは言っても、不満や欠点はなかなか言ってくれません。日頃の会話では、苦言があってもアドバイス程度です。お得意様でも、面と向かって私たちには厳しいことは言いにくいものです。

私たちは、嫌な目にあったらすぐにクレームを言うお客様は2・1％なのに対し、20〜30回も嫌な目にあわないとクレームを言わないというお客様が5％以上もいることを忘れてはいけません。

彼らは、「不満はありませんか」と聞かれれば、「ずっと利用しているお気に入りの店なので、できることなら直してほしいと思っています」と答えてくれます。

お得意様の多くは、不満に感じている点をお店が自ら直してくれるのをじっと待っています。なじみの店員がやっと特別サービスをしてくれるようになったのに、この関係を壊したくはありません。

改善してもらいたい、改善してもらわないと困ると思っている反面、本音を言えばあまりうるさいことは言いたくないのです。

この、抱え込んでしまっている不満を吐き出してもらうのが目的です。この不満こそが、最も私たちに役立つものです。

お得意様への依頼の方法としては、正直に意図を話し、簡単なインタビューをさせていただきましょう。必ず意外な発見があります。

④お客様相談窓口や掲示板を設置して徹底的に聞く態度を示す

「私たちはあなたのクレームを積極的に聞きます」という証拠をお客様に示す必要があり

ます。

そのために、コールセンターや掲示板を設けます。

しかし、大手の企業みたいに独自にコールセンターを設けることはなかなかできませんので、お客様相談窓口を設け、そこで電話を受けるようにします。

このとき、お店の代表電話をクレーム受付に使ってはいけません。あくまでもお客様相談専門の窓口と専用電話を設置することが大切です。

また、外注に出してもいけません。あくまでも自社・自店のスタッフが電話を取り、対応することに意味があります。

対策としては、まず最初にナンバーディスプレイを表示していることと、会話を録音させていただいていることを、電話をしてきたお客様に伝えることです。自動応答で伝えるようにするのがよいと思います。

また、ハード・クレーマーの場合には、担当者に一定の権限を持たせ、自分の判断で対応してよいことにしないといけません。

この電話でのハード・クレーマー対応がスタッフを育て、現場でもハード・クレーマーに対応していける体力を作ってくれます。

⑤イベントを開催して言いやすくする

価値あるサイレント・クレームを集めるには、誰に聞くかが最も重要でしたが、イベントには耳を傾けるべきお客様が揃っています。イベントに来てくれるお客様というのは、私たちと関係を深めたいと思っている方で、お店のこれからの中心となるお客様です。

これらのお客様から本音を聞かせていただくことが、イベントを開く目的です。

イベントに来てくれるお客様は、私たちと一緒に遊んだり、食事をしたり、話したりして楽しい時間を過ごしたいと思っていますので、お店に買い物に来ているお客様に比べ本音を話していただきやすいのです。

話していただくポイントは、

- **イベントを提供し、**
- **一緒に楽しい時間を過ごして盛り上げ、**
- **話をよく聞いてお客様の信頼できる友人になる**

ことです。

これらができれば、最後にアンケートをお願いしても、個人的に意見をお願いしても、よい意見がいただけるでしょう。

これは、難しく言うと「返報性の原理」と言いますが、「今日は1日楽しませてくれてありがとう」という気持ちによる恩返しということです。恩返しに、本音の意見を建設的なオブラートに包んで提供してくれるわけです。

もし、あまり意見をくれないようであれば、それほど「今日はありがとう」と思っていないということで、イベントの中身や楽しませ方を修正する必要があります。

では、どんなイベントを開けばいいのでしょうか?

新築住宅主体の工務店では、週末に家族で参加できるイベントを開いています。毎月、週末に家族で遊べる催し物を開き、自社で住宅を新築してくれたお客様とその家族を呼んでいます。

毎週子どもをどこかに連れていかなければならない親にとって、費用がかからず、子どもたちを遊ばせることができるので好評です。

催し物には、社員も参加し、お客様の家族と一緒に遊びます。

自動車販売の会社では、ソーラーカーレースを開いたり、ファミリーカーツーリング、スキーツアーを開いたりして、お客様と皆で遊びに行きます。

たとえば、ツーリングイベントでは、お客様20人と社員5人程度が一緒にツーリングに行きます。どこに行くかは、社員が必死に考え、最高に楽しいコースを選んでいます。

外車のディーラーでは、季節ごとにキャンプイベントを開いているところもあります。

たとえば、湖に行きます。湖では、カヌーレクチャーから始まり、テントの設営、ランタン講習、社員が講師を務めるヨガの教室、アウトドアクッキング講習と盛りだくさんのイベントが続き、そして最後は夜のお楽しみライブが待っています。

これらは、すべて企画から運営までを従業員が行なっています。徹底的に、楽しい企画が計画されています。


その他、開催するイベントは小さなものでかまいません。

- **お店のショールームでスキー用品やゴルフ用品、キャンプ用品などの展示即売会を開催する**
- **珍しい動物を集めたわくわく動物ランドやラジコンカーやラジコン飛行機のレースを開**

催する

・生け華展やお茶会など

でもよいでしょう。自分たちで開けるものを開催すればいいのです。

イベント開催が難しいのであれば、感想を話す会でもかまいません。

お客様インタビューを「ボイスパーティ」と称して、パーティー形式で行なっているところもあります。お付き合いの長いお客様にハガキで案内して来ていただき、商品やお店への感想を自由に語っていただくのです。

会では、特に進行役なども置かず、お客様主導で自由に話していただきます。営業や事務担当者に対する不満、うれしかった体験、故障した話など何でも話してもらいます。

⑥節目節目で連絡し、お客様に苦情を言う機会を提供する

お客様は不満を抱え込む習性がありますが、タイミングが合えば質問しただけでも不満を言い出してくれます。

お客様との接点ですが、作ろうとすればいろいろあるものです。この接点を活用して、

こちらからお客様へメールや電話で話しかけ、その中でお客様から不満を引き出すのです。顧客データベースを使って、注文のあったお客様を選び、電話をかけ、意見を聞いているところも少なくありません。

「わざわざ電話してもらったのだから」といって、サイレント・クレームを話してくれるお客様も少なくありません。これらのお客様は放って置けば離れていったはずです。

たとえば、ＨＰから商品を買っていただく場合、思いつくだけでもこれだけあります。資料請求をしたときから、使っているうちに使い方に不明点を見つけたときまで8シーンあります。そして、シーンごとにお客様が不満に思うことを想像してみます。

(1) 資料請求をしたとき

・ＨＰが見にくく、どこに何が書いてあるのかわかりにくかった
・資料請求のフォームに、生年月日などまで書き入れなくてはならず嫌だった

(2) 注文をしたとき

・商品が多いのはいいが、比較しにくく、選びにくかった
・注文手続では、取り消し方法がわからず困った
・注文確認のメールがこなくて不安だった

（3）入金したとき
・支払方法がカードしかなく、着払いなどもサポートしてほしい
・関東しか送料が無料でない、他の店のように全国無料にしてほしい

（4）商品の発送時
・注文から発送までの期間が意外と長い
・在庫がないなら事前に言ってほしかった
・送付先が変更できなかった

（5）商品の郵送中
・荷物番号がメールに書いてなく郵送状況を確認できなかった

（6）注文の荷物が届いたとき
・予定日の午前中着だったはずが、午後になったため外出が遅れた
・梱包が雑、商品が一部汚れていた

（7）商品を初めて使ってみたとき
・使い心地がいまいち
・HPの説明より口コミのほうが参考になった
・説明書が一部ついてなかった

(8) 使っているうちに使い方に不明点を見つけたとき

・WEBマニュアルが見にくい
・一部の機能が働かない

以上の(1)~(8)の各機会に、メールか電話で聞いてみます。

「お客様はクレームを言ってこないが、もしかしたらここに挙げてあるような不満を感じているのではないだろうか」と考え、メールか電話をします。

たとえば、注文の品が着いた頃を見計らって、

「商品はご指定通り着いたでしょうか? もし、間違っておりましたらご一報ください」などと、声をかけてみるのです。配送のことでなくても、不満があれば言ってくれるかもしれません。

「電話をかけるのは迷惑なのでは?」と言う人もよくいますが、そんなことはありません。家にいる方や自営業の方にはわかると思いますが、よくこちらの都合などおかまいなしの売り込みの電話がしょっちゅうかかってきます。そんな電話に比べたら、商品を買った会社から、届いた頃を見計らってかかってくる電話には、嫌な気はしません。長電話や追加の売り込みでは困りますが、本当に心配してくれているのであれば、ありがたいものです。

また、お年寄りには電話のほうが喜ばれると思います。

⑦離反顧客に聞いて、不満の蓄積の流れと離反のきっかけを把握する

「離反顧客」とは、お得意様であったのに、いつの間にか離れていってしまったお客様のことを言います。

離反顧客を見つけ出す簡単な方法としては、顧客リストから4カ月以上利用されていないお得意様を選び出します。

お得意様は最大の利益の源であり、新規のお客様の数10人分、場合によっては100人分に相当します。この大切なお客様が、離れていってしまうときがあるのです。これはとんでもない損害です。

また、離れていく理由がわからないと、同じように他のお得意様も離れていってしまうかもしれません。私たちは、なぜ離れていってしまったのか、その理由を知っておく必要があります。

離れていってしまうまでには、必ず経緯があります。小さな不満（サイレント・クレーム）が蓄積されていき、「他のお店から買おう」と決心させた直接的なきっかけがあるはずです。

聞き方は、時間をさかのぼる形で聞いていきます。

・やめようと思ったきっかけ
・日頃どんなことに不満を感じていたのか
・不満はいつ頃からはじまったのか
・不満を感じる前は、何に一番満足していたのか

などと、現在から過去へと聞いていき、何が起こったのか、事実確認をしていきます。

そして最後に、

・どのようなことがあればまた戻ってきてくれるのか

と尋ねます。

一定期間注文の来ていないお客様を見つけ出す方法ですが、私の会社ではお客様のデータベースを作成していました。

データベースといっても簡単なもので、エクセルに「お客様の名前、住所、連絡先、購入日付、納品予定日、購入内容、備考」を入れてあるだけです。これがあれば、簡単にしばらく買ってくれていないお客様を抽出することができます。

エクセルを使わないのであれば、お客様一人ひとりにカルテのようなカードを作り、購入日を記入していきます。

そして、購入期間の開いている長さによって、ABCのランク付けをしていき、購入期間が長く開いてしまっているCランクのお客様を抽出すればいいわけです。

さまざまな方法でお客様に働きかけてサイレント・クレームを引き出し、リピーターを増やしていこう!

4章

クレームをトコトン活用する方法

① 無視するべきクレームを見分けよう

お客様の不満は、さまざまな切り口から見つけられます。

「商品やサービス」に対してや「人の対応（お客様と接する販売係・お客様係など）」に対して、または、「当たり前のことができていないこと」「期待外れであったこと」に対してなど、いたるところに不満が隠れています。

これらの隠れた不満を、お客様の属性（初めて来た方、リピーター、お得意様）やお客様の種類（家族、お年寄り、若い人）、お店や会社の置かれている状況に沿って活用していくことで、クレームを有効に活用することができます。

クレームを活用する基本中の基本は、**すべての不満に応えようとしてはいけない**ということです。

お店や会社のコンセプトに合う声やクレームにのみ対応し、そうでないものについては無視する勇気が必要なのです。

ここで言っているコンセプトとは、

①誰が、
②どんなことに困っているとき、
③どんな気持ちのときに、
④商品を使うことでどんな効果を得、
⑤どんな気持ちになるのか

を表現したものです。

たとえば、出張向けビジネスホテルなら、

①出張のビジネスマンが、
②明日の仕事のために限られた時間で疲れをとりたいときに、
③明日の商談のことを考えると少し緊張気味な気持ちで、
④ホテルの部屋で寝ると、まるで自分の部屋で寝ているようにリラックスしてぐっすり寝られ、
⑤朝、リセットして新しく前向きな気分になっている

というような感じになります。

このコンセプトに沿えば、「出張のビジネスマン」からの、「自分の部屋のようにぐっすり寝られないということに関連するクレーム」のみについて、対応すればいいということになります。

日本に観光に来ている外国人や受験で泊まっている学生、ファミリーからのクレームについてまでは、対応する必要はないのです。

たとえば、外国人からは、英語が通じない、ホテルの規則が厳しすぎる、ベッドが固すぎる、部屋が狭い、ロビーで人と会って話す場所がないなどの不満が見受けられますが、必ずしもホテルの従業員に英会話の研修をしたり、ロビーを広げたりする必要はないのです。

それでは、次項からクレームをトコトン活用する方法を紹介していきます。

1人でもお客様に来てほしいとき、1円でも売上が欲しいときほど、対応する不満を絞り込もう。

2 お客様のわかりにくさを解消する

先日、家電量販店にパソコンを見に行ったとき、

「ＣＰＵは高クロック化は限界にきています。今人気があるのがCore2Duoっていう CoreDuo の進化版のＣＰＵです。ＯＳは、64bit の Windows7 Home Premium 版がおススメです。ディスプレイは、15・6インチワイドで、ＬＥＤバックライトのものが明るくて省エネなのでよいと思います。メモリーは ８ＧＢあれば安心です。最近は４ＧＢが２つのデュアルチャネルが多いですね……」

と、店員が詳しく説明してくれました。

なるほどと思った私は、予算が許す限り、ＣＰＵが Core2Duo で、ＯＳは win7、画面がＬＥＤ、メモリーが８ＧＢのものにしようと決心しました。詳しい店員に出会えて助かったと思い、次回は、この店員と一緒に SONY、panasonic、東芝の順に見ていき、この条件をクリアしたパソコンで気に入ったものを買うつもりになっていました。

しかし、これと同じ説明を、パソコンに詳しくないお客様にしたら、多分、怒って帰っ

ていくでしょう。まず、そのような人は特別に好きなパソコンメーカーは持っていません。

そして、専門用語と専門用語を使う人に嫌悪感さえ持つ人もいます。

以下は、パソコンに興味のない人がパソコンを買おうとしたときの不満の一例です。

・説明に数字とアルファベットが並んでいるが、意味がわからない

・自分の用途に適しているパソコンがどれかわからない

・迷っていると伝えても「〇〇（専門用語）は必要ですか？」などと質問し返されるだけで、それが結局、自分に必要なものなのかどうかさえわからない

・スタッフが少ないうえに、早口で説明されるので気軽に質問しづらい

……このような人は、スペックでは何も感じません。スペックを教えてもらっても、このパソコンを自分の部屋のあそこにおいて、仕事から帰ってきて、Facebookを開こうと思ったとき、どんな感じなのかがイメージできないのです。

詳しくない人にとって、店員やカタログ、メーカーのHPの説明は、「わからない」の一言なのです。

このお客様の「わからない」を解消するためには、まず、お客様がどんなときにどんな目的で、どのようにパソコンを使おうとしているのかを質問します。

次に、そのシーンに合わせて、このパソコンを使ったらどのようなことができ、そのとき

どのような使用感であるのか、また、どんなところには不便を感じるかもしれないということを、スペックや専門用語を使わずに話します。

たとえば、「ネット・ショッピングや、動画や音楽を聴くときに、すぐにつながるのでイライラしません。キーボードも凸凹が少ないので爪が長くても使いやすいです」といった感じです。

スペックについて話しませんので、どうしてもできることや使用感についての裏付けの解説が弱くなります。それでも、スペックの説明はしてはいけないのです。聞かれたら話す程度で十分です。

人によって「わかりやすさ」は大きく異なります。そして、お客様には**「わかりにくさ」に関する不満**が多くあります。その不満を拾い上げ、そのお客様に合わせてわかりやすく説明するだけも、クレーム解消となり、売上を伸ばすことにつながっていくのです。

お客様は誰もが「わかりにくい」と思っている。
お客様一人ひとりにとってのわかりやすさを提供しよう。

3 お客様の後ろめたさを解消する

お客様の**「お店に悪いな」という気持ちを解消する**ことでもお客様を増やせます。

お店に入ってくるお客様は、買おうとは思っていない人が大半です。「買うかどうかわからないけど、ちょっと見たい」というお客様なのです。

そのようなひやかし客は、「後ろめたさ」を感じながら来店しています。ですから、とても神経質になっています。

店に賑わいを演出するためにひやかし客を増やしたいとき、店員の声かけなどを減らすことをしますが、もっと簡単な方法があります。

「トイレはこちら」「無線LANの無料アクセスポイント」といった掲示板を置いたり、空きスペースに一息できるイスを置くなどして、「何も買わなくてもゆっくりしていっていいんですよ」と間接的に伝えるのです。

すると、ひやかし客が安心して入ってこられるようになります。

たとえば、バイキング料理だと、おひとり様が入るのは躊躇するものです。1人だとお店側からあまり歓迎されてない気がしますし、女性ならまだしも男性だと「元をとって」しまいがちで、余計に遠慮してしまいます。

そんな躊躇しているおひとり様を呼び込みたいお店では、カウンターのようなおひとり様用の席を用意しています。さらに、カウンターを店の外から見えやすいところに作れば、より入りやすくなります。

後ろめたさを感じているお客様は、想像以上に多くいます。「不快感」程度では、なかなか不満にはならないので、店側は気がつかないことが多いため、サイレント・クレームとしてお客様が抱えたままになりがちです。

これらを見つけ出し、解消していくだけでも、お客様を増やすことができます。

サイレント・クレームはお客様のちょっとした気持ちを探ってみることで、見つけることができる。

4 不満を聞き出し、一歩先回りする

サービスの理想の一つは、お客様の不満に言われる前に気づくことです。不満は言われてしまえばクレームになります。

しかし、**気づいて先回りして不満を解消できれば、それは気のきいたサービスになります**。

もし、気づけないようなら、こちらからお客様に不満を聞くことによって、信用を得ることができます。

クレームを待つのではなく、聞き取りに行くのです。

こちらから質問をして、お店や会社、商品やサービス、接客について意見や不満を聞いてしまうのです。「あなたの意見を聞かせてください」とお願いすることで、私たちがお客様を大切にしていることを伝えることができます。

これを実践しているのが、ビルの清掃や管理で、四国で一番売上を上げている四国管財株式会社です。

清掃業務はクレームだらけの業種です。きれいになって当たり前、お客様はそう思っています。しかし、各業者が皆同じような機材や薬剤を使い、同じように掃除をしているのですから差がつけられません。そのため、お客様からは、仕事の結果を減点主義で見られてしまいます。

この特徴を逆手にとったのが、四国管財なのです。価格競争を一切せず、お客様の離反率をゼロに抑え、四国で一番の売上を叩き出しているのです。

この会社の業績の秘訣は、仕事が終わると、自らお客様のクレームを集めに行くことです。作業が終わった次の日に、「昨日は、問題がなかったでしょうか」と、すべてのお客様を回るようにしたのです。

そのうちの1つが、ビルのオーナーに直接不満を聞きに行く、オーナー・ミーティングです。営業マンや現場の担当者がオーナーに不満を聞きに行くのです。現場の出来具合をチェックしながら、オーナーが清掃員には直接言いにくいことを定期的に聞き取ります。

2つ目が、掃除した場所の方に直接不満を聞きに行く、クリーンアドバイザー制度です。ここでも現場の出来をチェックしながら、現場の作業者には言いにくい、お客様の不満を聞き取りします。そして、最後に、四国管財の社長へ直接本音を伝えていただくためのイエローカードを渡します。

こうして集めた不満の内容は、

・ワックスがけをしていると、ブレーカーが落ちてしまった
・トイレにスポンジを流して詰まらせた
・モップの絞り方が不十分であったため、滑りやすくなっていた
・ワックスがけの際、移動可能なものを動かしていなかった
・現場に遅刻した
・朝から挨拶も笑顔もない

などです。器物破損や品質については、よくあるクレームです。対応が難しいものではなく、誠意を持って迅速に行なえばいいだけです。

しかし、これらの不満をそのまま放置しておくのか、自分たちで聞きに行くのかで大きな差ができるのです。

こちらから先回りすれば、クレーム対応が自店の強みにもなる！

5 わざと不満を作り出す

少しずるいやり方ですが、**わざと買いたいのに商品を選べない（選びづらい）状態を作り出しておき、そこへ助け船を出す**という方法があります。

よく、服やカバンなどが均一価格でワゴンで売られており、それをお客様がひっくり返している光景を見ます。一見、いろいろ吟味しているように見えるのですが、実は、よくわからないのです。わからないからこそ、とにかくいろいろひっくり返しているというお客様がほとんどです。

このようなお客様をよく見ていると、しばらくいろいろな商品をひっくり返した後、手が止まる瞬間がきます。すると、大抵の方が、疲れたような、あきらめたような感じで、結局何も買わずに売り場から離れていくのです。

このとき、スッと入っていって、中でも「お買い得」という商品を2、3点、お買い得の理由を伝えながら提示してあげるのです。

すると、助け船が来たかのように、喜んで話を聞いてくれます。そして、大抵それを買ってくれます。

これは自転車でも、家電商品でも、お菓子でも何でも同じです。お客様は、陳列してある商品の数が多すぎると、訳がわからなくなり、結局選べなくなってしまうのです。選ぶには基準が必要なのです。

ですから、家電の量販店などでは、売れ筋ランキングなどを見えやすいところに貼っているのです。性能やら拡張機能など、お客様はそれなりにいろいろ質問をしてはくるのですが、結局は、売れている商品を買う人がほとんどです。お客様は、多くの人が買っている商品に、安心を感じるのです。

ですから、お店側は、売りたいものを人気№1と掲示すれば、その商品が売れるようになり、それが実際に売れ筋№1商品になっていくわけです。


店内のPOPも同じ効果を狙っています。

駅のキオスクのような場合、お客様には時間がありません。同じような商品がたくさん並んでいて迷うとき、結局いつも買っている商品をまた買ってしまいます。

正直、いつもの商品には飽きが来ています。他の商品に代えたいのです。でも、どれに代えたらよいのかがわからず、仕方なく、また同じものを買ってしまうのです。

そんなとき、ＰＯＰのコメントが効いてきます。「モンドセレクション受賞」「名古屋駅で一番売れています！」という文言には、つい、手が伸びてしまいます。

文言は簡単なものでかまいません。お客様が「決める」一言があればいいのです。

ＨＰを用意しておくのもよい方法です。ＨＰで商品を価格や色、形、素材などで検索比較できるようにしておき、実際に購入するときには、店舗に来て、実物を触って確かめて購入していただく流れを用意しておきます。

お店に行く前に事前に比較したい方や、店舗に来たけれども選びきれなかったお客様がＨＰを訪問してくれます。店舗での選びにくさという不満を解消できるほか、店舗で買いたいけれども店員とは話したくないというお客様にも重宝なものです。

また、ＨＰがあることで、サイレント・クレームを集めやすくなります。

「不満」と「解決方法」はセットでお客様に提供しよう！

6 お客様の期待以上に応えよう

どんなに品質や接客をよくしても、お客様の期待以下では意味がありません。お客様のサイレント・クレームになるだけです。

お客様がお店に来てみて、「大きく期待以下」だった場合、お客様はお店にクレームを言います。「少し期待以下」だった場合には、お客様はサイレント・クレームを持って帰って行ってしまいます。「期待通り」の場合は、満足しますが、リピートはしてくれません。そして、「期待以上」の場合に、大満足してくれ、それが続けばリピーターになってくれます。「大きく期待以上」の場合は、感動してくれます。

ここで注意しなければいけないことがあります。私たちは、**お客様を感動させれば、お客様が固定客になってくれると思っていますが、それは違う**ということです。

お客様がリピーターになるのには、お店への「愛着心」が必要なのです。

確かに1回の大きな感動は心に残ります。しかし、それは「驚き」で終わってしまい、お客様がお店に愛着心を持ってくれるまでにはなりません。小さくても、いくつかの感動が続いてこそ、愛着心が育まれるのです。

お客様をリピーターにするには、常に期待以上であるか感動させている必要があります。そうはいっても、感動させるのは簡単ではありません。さらに、お客様を毎回感動させるなんてことは不可能です。

しかし、常に「少し期待以上」であることならできるかもしれません。そのためにはどうすればいいのでしょうか?

1つの方法としては、**毎回少しずつサービスレベルを上げる**ことです。量を多めにする、サービスチケットをあげる、いち早く旬の材料を使った料理を出す、一品サービス、新料理の味見をお願いするなどいろいろあります。

では、ずっと来るたびにサービスレベルを上げ続けなければいけないのでしょうか?それは無理ですよね。

お客様は、だいたい3~5回連続で来てもらえれば固定客になってもらえます。これらのサービスも3~5レベルが上がり続ければいいでしょう。

ただし、**一度上げたサービスレベルは下げてはいけません**。一度上げたサービスレベルを少し下げただけでも、お客様は大切にされていないと感じてしまうようになっています。

2つ目の方法は、**常にお客様の一歩先を行くようにする**ことです。

お客様の一歩先を行くには、お客様が何にどのくらい期待しているのかを把握しなければなりません。

お客様の期待がわからないとき、とにかくがむしゃらに頑張ってしまい、非常に高いレベルのサービスをして、お客様の期待をどんどん上げてしまった結果、自分で自分の首を絞めるケースがあります。

私たちはお客様の期待をコントロールしなければいけません。期待をコントロールすることで、お客様が常に満足でいられるようにするのです。

そうは言っても、お客様によって期待がまちまちだったりして期待を正確に把握することはできません。

そこで、お客様より先に気づくようにするのです。ターゲットのお客様のサイレント・クレームを常に拾い続け、改善し続けていくのです。

まず最初は、簡単なところからはじめましょう。

たとえば、飲食店の場合、予約時間よりも遅れるという電話をいただいたら、現在地を聞いて、そこからの道のりとおおよその時間を教えてあげる。カップル客であれば、女性客がトイレに席を立った際に、男性客が会計を済ませやすいよう席の近くに立つようにする。学生や女性グループであれば、伝票に1人あたりの割り勘の金額を記入しておき、もしカードで支払われるようだったら、カードの決済処理はお客様の目の前で行なうようにする……など、ちょっとしたことでいいのです。

これに取り組んでいくと、サイレント・クレームと改善の追いかけっこになり、サイレント・クレームは永遠になくならないような感覚に陥ります。

しかし、お客様から見ると、

・いつも気になっていたことが言う前に改善されていて気分がよい
・いつも気がつかないような細かいところまで気を回してくれてうれしい

という気分になっており、お客様の愛着心を引き立てています。

この**「いつも」というところがミソ**なのです。

この活動は、サイレント・クレームがなくならない限り続けることができます。しかも、これらのサイレント・クレームの改善はそれほど難しいことではありません。多くが簡単なことばかりです。

ポイントは、お客様のサイレント・クレームやクレームをなくすことが目的なのではなく、改善し続けることを目的とすることです。

お客様に言われる前に、いつも一歩先に改善して、愛着心を育んでいこう。

7 「2回目のお客様」に思いがけないサービスをしよう

お客様が当たり前とも思っておらず、期待もしていないこと、思っても見ていなかったことを提供して喜ばせることができます。

不満に思っていることからお客様が当たり前と思っていること、期待していることを考え、それ以外のことでサービスできることを考えるのです。

それを、2回目に来てくれたお客様に提供します。**お得意様でも新規のお客様でもなく、2回目のお客様に提供することがポイント**です。

最もリピーターになりやすいのは、特に宣伝も何もしないのに2回来てくれたお客様です。1回目は様子見、2回目はこんなもんだろうと思って来ます。たとえ同程度でも、「まあまあかな」と思われ、興味を失ってしまいます。

2回目の感想が1回目よりも低ければ、落胆して帰り、二度と来てくれません。もし、2回目が予想を上回って、初めてもう1回来たくなるのです。

この、お客様に3回来させることが重要です。3回来てくれれば、そのお客様が固定客化する可能性がグッと上がります。

では、どのようにして2回目のお客様により気に入ってもらえばいいのでしょうか？

人は、最初と最後に自分に起きた出来事をよく覚えており、特に、最後の出来事でその後の印象が決まります。「終わりよければすべてよし」ということです。

ですから、お店では、レジでの体験が最も重要なのです。

まず、来店時に顔を覚えておき、うれしくなってもらいます。最初の印象がその後の店内での出来事の受け取り方に影響します。「返報性の法則」で、人は親切にされるとお返しをしたくなるものなのです。ですから、最初にうれしくなってもらい、最後にレジでお客様に恩を売るのです。それも意図のない、お客様を縛らない恩でなくてはなりません。

割引券などをあげるだけは台無しです。「割引券でまた来させようとしているのね」と思われて、逆効果になります。代金を半額にするとか、お客様が欲しがっている商品を無料でプレゼントするとか、もう一度来るかどうかはお客様にすべてを委ねたサービスを提供する必要があります。このときに初めて、「返報性の法則」が効いてきます。帰り際に「お待ちしています」とお願いすれば、お客様はきっとお願いを聞いてくれます。

また、2回目のお客様のサイレント・クレームを拾う方法もあります。

たとえば旅館の場合、初めて宿泊された帰りに書いていただいたアンケートを振り返ることから始め、部屋に案内したときや食事を運んだときの会話、ロビーではフロント係が何か不都合や要望がないかを尋ねます。

サイレント・クレームが拾い出せたら、すぐに対応していきます。そして、お客様満足度を上げていくのです。そうすることで、お客様からサービス以上の高い満足を引き出せるのです。

ちなみに、新規のお客様を相手にするなと言っているわけではありません。新規のお客様も大切なお客様で、将来のリピーター候補です。

しかし、少ない人員で効果的にリピーターを増やしていこうとすると、リピーターになる確率の高いお客様に集中的に労力や資金をつぎ込んでいかなければなりません。効果があるのかどうかわからない広告を打つより、自然ともう一度来ていただけたお客様に、サービスを集中的に提供していくほうがよほど現実的です。

限られた条件の中で効果を上げるには、2回目のお客様をターゲットにしてみよう。

8 中心となるお客様の不満を解消する

新築を中心にやってきたある工務店がリフォームを仕事の中心に変えたとき、お客様が変わり、ニーズも変わったことに気づかず、不満ばかりを増やしてしまったことがありました。

その工務店は、安さと仕上がりのよさ、小回りのきく対応でお客様からよい評判を得ていました。しかし、新築の仕事は減っていき、リフォームの相談が多くなってきたのです。そこで、仕事としては手間がかかるのですが、リフォームを中心に手掛けることにしたのです。

ある家の床をフローリングにする工事で、現場監督と社長が一緒に現場を見に行き、今まで通り安い価格で見積もりを出しました。当然、施主は喜んで仕事を発注してきました。家具を動かし、脇に追いやりながらカーペットをはがし、そこへフローリング材を貼っていきます。いつもより手間が余計にかかり、予定より1日多くかかってしまいましたが、順調に進んでいきました。

ところが、施主に引き渡したとき、施主は、契約時のような喜んだ顔はしませんでした。

後日、施主からお話を伺ったところ、不満があったのです。安いのでしかたないと思い我慢していたそうなのですが、家の中の埃を掃除しないまま完了としたことにかなりの不満を持っていたのです。

そもそもフローリングにするのは、その家に住むおばあさんが喘息のためでした。その家は、家中が絨毯で敷き詰められていたため、常に埃っぽかったのです。それを改善するために、フローリングに変え、喘息の原因になる埃を減らそうと考えていたのです。

このことは、工務店の社長も、最初に施主から聞いていたことです。しかし、大工さんには、絨毯をはがしたときなどに出る埃を家具や部屋の中に残さないようにすることを伝えていなかったのです。

大工さんは、波打っている床にフローリングの板を平らに貼っていく手間のかかる仕事を根気よくしていました。施主は施工中に見学して、家具などに埃がかぶっていることを気にしていたのですが、最後に社長が見に来たときには、きちんと掃除をしていってくれるものと思っていたそうです。しかし、最後に現場を確認に来た社長は、埃のことには気がつかず、床の板がきちんとよく貼れている状況だけを確認し、「いい仕事をしました」と自画自賛しながら、請求書を渡して帰って行ってしまったのです。

そのため施主は、他の業者に依頼して家中を掃除しなければなりませんでした。その結果、おばあさんが家に帰れたのは、工事が完成してから1週間も経った後になってしまったのです。工事は安く、板張りはよい仕事だったのですが、施主からすれば、結局、別途費用がかかり、おばあさんの体の負担も大きくなってしまいました。

工務店はよい仕事を安く行なったのですが、施主の一番重視していたニーズは別のところに合ったのです。そのため、よい工事をしたのにもかかわらず、**逆に不満を作ってしまった**のです。

この工務店の売りは、価格の安さと仕上がりのよさ、小回りのきく対応です。この工事でも、工事費は相場の半額で、いい仕事をしています。しかし、新築の考え方から抜け切れず、新築でのよい工事とリフォームでのよい工事とでは意味が違うことをわかっていなかったようです。今回は喘息対策でフローリングにすることはわかっていたのに、それが下請けの大工さんには伝わっていませんでした。

工務店の社長も、その重要性をわかっていなかったのかもしれません。

この工務店にクレームを言う個人のお客様はいないでしょう。価格の安さや、社長の明るい対応などという強みに、**クレームが隠されてしまう**のです。

確かに安い価格は魅力です。しかし、本当にこちらの要望をよく聞いて実現してくれるかというと、少し心配です。私なら、価格が少々高くても、要望を聞いて細かく配慮してくれる安心して任せられる工務店を探します。

仕事が同じでも、中心となるお客様を変えると微妙にニーズが変わってきます。よほど注意しないと、前のお客様のニーズを満たすクセから抜け切れず、仕事をすればするほど不満を増やしてしまうことがあります。

このとき、**お客様にきちんと不満を聞くことができれば、今までの強みを生かして他社と差をつけることができる**のです。

私たちとお客様との間にある何気ない価値観の違いが、サイレント・クレームにつながる。

9 お得意様が離れていってしまうことを防ぐ

お得意様を失う最大の原因は、私たちの慢心です。

どのお店にもお得意様はいます。何年も通ってくれていたり、毎年決まった時期に必ず買ってくれていたり、子どもの誕生日には必ず注文してくれる、リピーターというよりはとても長い付き合いの友人のようなお客様です。

いつものようにおしゃべりを交わし、商品を作り、販売し、満足していただいているはずです。しかし、常連として親しくしていて、プライドも高い分、「もっと大切に扱ってほしい」なんて口が裂けても言えません。

お得意様の期待レベルをよく把握し、お得意様の抱いている不満を感じとって迅速に対応していかないと、いつの間にか他の店のお客様になってしまいます。

お得意様を維持するには、繊細な配慮が必要です。

また、**お得意様のニーズも少しずつ変わっていきます**。これを捉えず、同じ商品やサービスを提供し続けていると、だんだんお得意様とのすれ違いが生じてきてしまい、お得意様の中に、少しずつ小さな不満が溜まっていきます。

この不満は少しずつ溜まっていくので、お客様もあまり意識していません。そのため、お客様は不満をクレームのようにはっきりと口に出して言うことができないのです。そして、値上げなどのきっかけで、他店に移ってしまったり、他の代わりの商品で済ませてしまったりするようになるのです。

ある建築資材会社の若手営業マンが、取引をはじめて30年になる工務店から取引を切られたことがありました。ある日、少し値上げした新しい価格表を工務店の社長に持って行ったのですが、それ以来、二度と注文がこなかったそうです。

工務店の社長にしてみれば、「長い付き合いで苦しいときに支払いを前払いにしたりして助けてあげたのに、資材屋の社長は顔も出さなくなったし、さらには若い営業に紙切れ1枚持たせてよこすなんて……」と不満に思っていたのです。

お得意様は、私たちのことをよく知っていて、どんなときにどんなレベルのサービスをしてくれるのか、どうすればいいサービスが受けられるのか、よくわかっています。

また、自分はこの店に貢献しているという意識も強いので、自分に対するお店の扱いにもそれなりのものを期待しています。

それでは、どのように対応していけばいいのでしょうか？

たとえば、病院と同じように、お得意様一人ひとりにお客様カルテを作るのも1つの方法です（美容院やマッサージ店でもやっていますね）。

お得様とのちょっとした会話も大切にしながら、継続的に付き合っていきます。

その中でお得様のサイレント・クレームを引き出し、個別のサービスをしてあげ、手厚く対応していくのです。


ポイントは、**来店頻度を見ていく**ことです。来店期間が2倍以上に伸びていたら、カルテを見直し、会話や購入商品などをチェックします。会話が少なくなったり、購入品目が減っていたら、お客様が飽きてきた証拠です。

また、お得意様の気持ちを無視したような形で、安易な値上げや商品の変更を行なっていないか、振り返ります。

失ったお得意様は、もう二度と戻ってきません。

お得意様が私たちに提供してくれている利益の大きさは莫大なもので、1人でも失うことは、自社にとって取り返しのつかない大きな打撃です。
お得意様のサイレント・クレームをつかんでいないということは、あまりにもリスクの大きな状態なのです。

お得意様こそサイレント・クレームを溜めがち。
甘えていると、黙っていなくなってしまう。

10 お得意様のサイレント・クレームに応えて利益を上げる

前項では、「お得意様のニーズの変化に気がつかないでいると、お得意様がいつの間にか離れて行ってしまう」という〝守り〟について話しましたが、「お得意様からいただく利益を大きく向上させる」という〝攻め〟について考えることも重要です。

私たちは、日頃、新規のお客様の獲得に目が行きがちですが、**リピーターやお得意様こそが利益の8割を運んで来てくれている**ことを忘れてはいけません。

ところで、お得意様の価値とはどのくらいあるのでしょうか？　お得意様は、新規お客様や、２・３回目のお客様の何倍の売上を運んできてくれているのでしょうか？

店の売上の80％は上位20％のお得意様の売上と言われたり、店の売上の75％は上位30％のお得意様の売上とも言われたりします。

たとえば、75％の売上を上位25％のお客様が占めている場合、１億円のお店の売上のうち、7500万円を25％のお得意様が買ってくださり、2500万円を75％の普通のお客様が買ってくれているということです。

すると、1人あたりの売上は、お得意様は3万円、普通のお客様は3300円となり、お得意様は普通のお客様の約10倍を買ってくれていることになるのです。


では、お得意様は、利益を何倍提供してくれているのでしょうか？

たとえば、リフォーム会社の場合、チラシの反応率は0・01％と言われていますので、1件の注文をとるのに1万枚配らなくてはなりません。

チラシから依頼される仕事の多くは、10万円程度（段差解消など）の小さな仕事です。チラシ1枚の費用は、印刷から配るまでに4円程度かかります。すると、広告費に4万円をかけ、10万円の売上を上げたことになります。粗利を50％とすると、粗利益額は5万円です。4万円の広告費をかけて5万円の粗利益ですので、1万円の儲けになります。

この儲けも、チラシをデザインしたり、業者を手配したりしたことなどの手間や経費を考えると、あっという間になくなってしまいます。

その後、お客様がこのリフォーム会社を気に入り、少し大きな台所などのリフォームの仕事を発注したとします。台所のリフォーム70万円の仕事で、粗利率を30％とすると、粗利益額は21万円です。

経費はお礼の電話や葉書の費用ぐらいですので、ほとんどかかっていません。ここで初めて、利益が出るのです。つまり、リピートしていただかないと、従業員の給料も出ないのです。

お得意様とは、何度もリピートしてくれている方で、本当の意味で私たちを支えてくれている方です。お得意様は、利益率の非常に大きいお客様なのです。

では、もっと売上を上げるにはどうしたらいいのでしょうか？　この**利益率の大きいお得意様にさらに売り込む**ことです。

でも、お得意様に、売上を伸ばすために売り込んでよいものなのでしょうか。少なくとも、特別割引をして安く買っていただかないと、申し訳ないように感じます。

しかし、それは、違います。申し訳ないのは、私たちがお得意様に対してかけている手間暇が少なすぎる場合です。悪いのは、売り込むことではなく、お得意さまの本当のニーズや不満も知らずに売り込むということなのです。

お得意様が困っていたり迷っていた場合、どのくらい話を聞いてあげていますか？　もし、新規のお客様のご希望を5分聞いてあげているとしたら、お得意様のご希望を60分聞いてください。**徹底的にお得意様の話を聞き、その向こうにある不満や欲求を感じ取っていくのです。**

欲しい商品が自店になかったら、あるお店を探して紹介してあげる。使い方の注意点やコツを教えてあげる。いろいろあると思います。

こうしていくと、仕事の内容が、商品を売ることからお得意様の不満を解消し、欲求を満たすお手伝いをすることへと変化していきます。すると、自然とお得意様からの問い合わせや頼まれることが増え、取引が増え、売上が増えていきます。

また、お得意様のための商品やサービスを新たに作ってもよいでしょう。

ある都内の女性専用の高級下着専門店では、体がきれいに見える下着の選び方からつけ方までをお客様に教えています。あるとき、若いお得意様から「下着を見ていただくのに予約はできませんか?」と尋ねられました。「できますよ」とは答えたものの、いつも予約などしなくても相談にのっているのに……と思ったそうです。

よくよく聞いていくと、「女性専用なのはいいけれど、彼氏と2人で下着選びをできたらいいのに」と不満に思っていたそうなのです。そこで、このお得意様のために、特別に閉店時間を30分だけ伸ばし、2人で来店していただくことにしました。

お得意様には、商品を売るのではなく、お得意様の隠れた不満を解消し、欲求を満たすお手伝いをすることを提供します。コンシェルジュやオーダーメイドに近い感覚です。

お得意様とは、**「売る・買う」の関係から、「相談する・解決する」の関係に変えていく**ことにより、自然と売上が増えます。先にも述べた通り、お得意様は利益率が高いので、利益が大きく増えていくはずです。

お得意様自身よりもお得意様のことを理解して、どんどん先回りして不満を解消していこう!

11 「どうしても売上が上がらない」を打開する

お客様の期待に応えていくと、お客様はそれに合わせて期待を徐々に上げていきます。その期待に応えられないと、サイレント・クレームになります。これを利用していきましょう。

たとえば、都内の、大きなマンションの1階にあるカジュアルなイタリア料理店。お客様は、主に、徒歩5分の範囲、周囲400m圏内から来ており、周囲には店舗が多くオープンテラスのイタリアンのお店が4軒ほどあります。

比較的よく来てくれているお客様は、周辺の主婦とファミリー、そしてイタリアン好きの食道楽の人たちです。このファミリーが、一番のターゲットのお客様です。

味、素材、接客、内装にこだわり、できる限り価格も押さえています。また、ランチは量を多くしてお得感を出しています。

しかし、どうしても売上が伸びません。そこで、こんな質問をします。

「周囲のイタリア料理店の中で、あなたのお店は一番ですか？」

「味、接客、メニュー、内装、雰囲気、価格のどれかで一番になっていますか？」

売上が上がらない理由は、「一番」でないからです。

比較的よく来てくれるお客様でも、他のお店に行くことが多く、他のお店がいっぱいで入れないときに、このお店に来ている可能性があります。味、接客、メニュー、内装、雰囲気のどれをとっても、5段階で言えば3か4。もっとよいレベル5のお店が他にもありそうです。

そこで、ターゲット客のサイレント・クレームを拾ってみます。

すると、内装とコストパフォーマンスについて不満があることがわかりました。

味は非常においしいと評判です。接客もよい評判です。しかし、内装については話題に出ません。

そして、価格については「高い」という声が出ています。なかなか厳しい感想です。

しかし、メニューの価格は他のお店と比較しても高くありません。むしろ安いほうです。

なぜ、お客様は、割高に感じるのでしょうか？

さらに、不満を拾っていくと、料理の味はよいが見た目が地味という声が出てきました。

また、接客はよいが、料理が出てくるまでに時間がかかるという声も出てきました。

そこで、少し値段の高い、凝った見栄えのよい料理をメニューに加えました。内装は、さまざまな装飾品を整理して全体をシンプルにし、食器を少し高価で見栄えのよいものにしたのです。

なんとかお客様からは全体的によくなったという声をいただくようになったのですが、ファミリーの不満は解消されていませんでした。いまだに、なかなか料理が出てこない、価格が高いというのです。

そこで仕方なく、一部作り置きをして、材料費を押さえ、ボリューム感を上げたグループ向けのセットコースを用意することにしたのです。さらに、グループの場合には予約をとるようにお願いをしました。

その結果、地元では、ファミリーで行けるお店の中では、一番贅沢で、ちょっと特別なときに皆で行けるお店として評判をいただけるようになったのです。

地元の方に聞くと、家族で外食をするときは回転寿司に行き、ちょっと特別なときには足を伸ばして銀座などの少し高級感のあるリーズナブルなレストランに行くようでした。その銀座のレストランと比較されても、勝てるようになってきたのです。

自分たちは、近所のレストランが競合だと思っていたのですが、ファミリーのお客様は銀座のレストランと比較していたのです。

お客様には、ジャンルや目的別に行きつけのお店があります。そこが店選びの基準になっていて、その基準と比較して評価されているのです。

それを意識しながら、不満に対応していきます。すると、最後は必ず地域で一番店になります。

これは業種にかかわらず、どのようなお店や会社でも同じです。

お客様が一番店と比較して不満と思っているところを、着実に改善していけば、着実に売り上げを伸ばせます。売上は、一番になったとたん、急激に上がっていきます。

悪いところを直すのではなく、
お客様が不満に思っているところを最高によくしていこう。

⑫ つぶれそうなお店や会社を再起させる

つぶれそうなほどひどいお店は、行けばわかるものです。お店の外観や店先が汚れていたり、店の中に空のビールケースやたたみかけのナプキン、なぜか本や書類が積んであったり、完全にやる気がないといった感じです。

これらを直しただけでも、普通になれます。繁盛店とまではいかないかもしれませんが、お客様の言うことに耳を傾けることができれば、少なくともつぶれることはないでしょう。

たとえば、飲食店では、いくらまずくても味について意見することはなかなかできません。「このラーメンまずいよ！」なんて言ったら、喧嘩になります。

しかし、全然お客様が来ずにつぶれそう、ということであれば、そんな不満にも向き合わなければなりません。逆に言えば、「このラーメンまずいよ！」「チャーハン柔らかすぎ」「タンメン脂っこい」というお客様の不満を引き出し、正直に言ってもらい、直していけばいいのです。

千葉県に50歳過ぎの夫婦がやっている、どこにでもあるような、普通の定食屋があります。一所懸命にやっているのですが、売上が少なく、奥さんは他に働きに行こうかと真剣に悩んでいます。料理は旦那さんが1人で黙々と作り、奥さんが接客をしています。奥さんは、気さくで明るい方です。

特にお客様に文句を言われるようなことはないのですが、客足が遠のいていることは確かなようです。

そこで、ちょっと、お客様にヒアリングを行なってみました。すると、このような不満が出てきたのです。

- 外から見て中が暗く、やっているのかわからない
- 女性には量が多すぎてよく残している
- 全体的に汚く、テーブルの端などに汚れが溜まっている
- 料理は旦那さんが1人で作っていて、出前に出ると待たされる
- 水はポットに置きっぱなしでカビっぽい
- メニューは多いが、たくさん注文を受けると料理がなかなか出てこない
- 机の上の調味料が少ないときが多い

・メニューが壁に貼ってあるが、色あせていて見にくく、一部剥がれているなど、不満はいろいろあるのです。

その中でも決定的なのが、「料理が出てくるのが遅い」ということでした。お客様は、料理が出てくるのが遅いと、本当に時間のあるときにしか行けないというのです。常連客でも、奥さんが感じのいい人なので行きたいとは思うものの、時計を見るとついつい他のお店に行ってしまうようなのです。

しかし、旦那さんも奥さんも、自分のお店にはそんなに問題はないと思っています。奥さんは接客に自信があり、お客様は特に大きな不満は持っていないと思っていました。

とりあえず、蛍光灯のワット数を上げ、掃除は毎日こまめにするようにし、表に定食の値段だけは貼り出し、水のポットはやめました。

その次に、昼の定食をボリュームを減らして500円にし、おかわりできる飲み物（コーヒー、紅茶）をつけました。飲み物は食事の前になるべく勧めるように心がけ、料理が出てくるまでのつなぎにしてみました。

また、メニュー全体を減らし、ランチは3種類に絞り込み、できるだけ仕込んでおいて早く出せるようにしたのです。

このように当たり前のことを行なっただけですが、お客様の数は増えてきています。繁盛店とはいきませんが、夫婦2人がやっていくには十分です。

一度、奥さんに、どうしてお客様に不満を聞かないのですか？　と聞いたところ、「お客様と仲がいい分、逆に聞きづらい」というのです。

お客様も、余計なことを言って、奥さんとの気楽な関係を壊したくないものです。これではなかなか本音は集められません。

つぶれそうな店は、お客様の意見を聞いていないだけです。

「お客様は神様」と言いながら、神様の声は聞かずにいつも自分の声に従っています。たとえお客様の不満を知っても、「○○だからできない」と言って改善しません。これでは売れないのは当然です。

せめて、期間限定でやってみて、どのような不満が出てくるのかを見てみる必要があると思います。

「売れないのは不景気のせいだけではないかもしれない」

そう思えるようになるだけでも前進です。

昔ながらの遊園地で有名な西武ゆうえんちが、復活への道を歩み始めています。お客様の声や不満を言ってもらうための「アッハの森　声広場」というサイトを作ってユーザーの声を集めているのです（https://www.say-seibu.jp/ah_koe_top.php）。

中には、結構厳しい意見も目立ちます。これを数百集め、直していこうというのです。

しかも、これらの意見はサイトに公開されています。

彼らはダメ出しをしっかり受け止めており、これだけ覚悟が決まっていると応援したくなります。


早く覚悟してお客様の不満に耳を傾けないと、聞けるお客様さえいなくなってしまう。

5章

皆で実践！ クレーム・ミーティングをしよう

① クレーム・ミーティングのメリット

ここまで、サイレント・クレームを引き出し、集め、活用する方法をお伝えしてきましたが、やみくもに各自がクレームに取り組んでも効果はあまり出ません。関係者皆で取り組んでいくほうが、数倍の効果が出ます。

そのために、クレーム・ミーティングを行なうことをお勧めします。

クレーム・ミーティングの目的は、

①スタッフのクレームに関する認識を変える
②お客様全体を知る
③ターゲットのお客様は誰なのかを知る
④クレームを減らしていく
⑤スタッフに自店の代表としての自覚を育成していく

の5つです。

この5つを目的としたクレーム・ミーティングをすることで、まず、クレームに対する考えが180度変わります。

「『責任は社長がとるからクレームを出してください』と言われても、言ったら怒られるのが関の山」と思っていたものが、

・クレームは、なくならないもの。あって当たり前である

・隠すことが最もよくなく、言うことが会社のためになる

という認識を持つようになります。

あるリフォーム会社では、社員が「クレームやミスを共有することも、通常の業務（営業や設計、経理など）と同じように重要な仕事」と考えるようになり、他の社員や他部署のクレームを、自分自身のこととして捉えています。

また、あるメーカーでは、製造や経理などお客様と直接関係を持たない部署でも、製品がどのようにお客様で活用されているかを具体的にイメージできるようになり、クレームがお客様や自社に及ぼす影響について考え、クレームを予防することを重視するようになりました。

ミーティングを続けることで多くのことを学ぶことができます（次ページ表）。

クレーム・ミーティングを続けることで学ぶこと

① クレームは、お客様が不満に思っていることのほんの一部でしかなく、お客様との関係ができてくるほど、逆にクレームが増えてくる

② 「当たり前クレーム」と「期待外れクレーム」から、自店にはどのようなお客様が来ており、どのような期待を持っているのかがわかるようになる

③ メインターゲットのお客様はどのような人で、どのような言わない不満を持っているのかがわかるようになる

④ 私たちには、好き勝手なことを言っているお客様に対応する余裕はなく、メインターゲットのお客様の不満をなくし期待に全力で応えなければいけない

⑤ 単純に指摘されたことを改善するのではなく、クレームの裏にある期待を考え、ニーズに対応していかなければいけない

⑥ 不満は言われる前にやればサービスになる

⑦ ハード・クレーマーへの対応ができるようになると、お客様に対して自分がお店や会社の代表であることを自覚するようになる

⑧ 普通のクレーマーへの愛着が湧くようになり、クレーム対応の質が上がり、リピーター化ができるようになる

ミーティングでの学びを通して、お客様の気持ちが一歩深く理解できるようになったり、会社の代表であるという自覚が強くなったり、自分で考えるようになったりします。

たとえば、あるホテルでは、1つのクレームから、各スタッフがお客様の気持ちを一歩深く理解できるようになり、どのようなことをしたら喜んでいただけるかを考えられるようになりました。「会社の代表」であるという自覚も強くなり、お客様に言われる前に気づくようになって、自然と接客対応の質が向上しています。

リフォーム会社やメーカーでも同様に、支店や課など各チームで自主的にクレームの再発防止策を立てて実行するようになっています。また、作業現場の整理整頓や清掃までが、徹底されるようになりました。

クレーム・ミーティングの第1回目は、皆、自分が責められるのではないかと心配し、自分のクレーム対応例は言いたがらないと思います。その場合には、雑誌などの同業他店のクレーム対応例について、意見を言い合うのも1つの方法です。

クレーム・ミーティングの最大のメリットは、人が育つこと。

２ クレーム・ミーティングのやり方

それでは、具体的なクレーム・ミーティングの方法を説明していきましょう。
たとえば、本店に社長、店に店長1人、社員2人、パート2人のお店のケースを例にして解説します。

【参加者】

最初は従業員がクレームに慣れるまで、店の中だけでやっていきます。店長が中心となり、社員2人・パート2人を相手に、クレームに対する先入観を変えることを目標に頑張っていきます。
店の従業員がクレームに慣れてきたら、社長が入ります。会社の方向性を伝え、クレーム対応に関する意思決定をその場で行ないます。社長が従業員の目の前で意思決定をしていくことで、店長以下従業員に社長の考え方を体で覚えてもらいます。

【会議の開催時期と場所】

クレーム・ミーティングを機能させるために、お客様の声の報告を毎朝朝礼で行ないます。常にお客様がどう思っているのかを意識付けしていくためです。

そのうえで、クレーム・ミーティングを月に1回、3～4時間、十分時間をかけて行ないます。場所は、店以外の場所のほうが好ましいです。店を、外から客観的に眺める感覚が必要です。たとえば、近くの貸会議室を借りてもよいでしょう。ミーティングの後、皆でお店に歩いて戻り、お店を眺めてみるのも効果的です。

また、会議の位置付けとしては、品揃えや接客方法を決める最も重要な会議とします。

【会議のツール】

・カードブレスト

「書く」という行為が大切です。自由に発言させると、意見が発散するのみになってしまい、まとまりません。また、立場の強い人や声の大きい人の意見が幅をきかせてしまいます。お客様に最も近いパートの声が拾えなくなってしまいます。

6×7㎝の大きめの付箋に、1枚に1つずつクレームを書いていきます。それをホワイトボードや壁に貼り出していくことで、全員の意見を平等に扱い、同時に全員に一目で見えるようにしていきます。

そのうえで、同じような意見をグループごとにまとめていきます。そして、「当たり前クレーム」と「期待外れクレーム」に分けていきます。

・ファシリテーション

最初、クレームに対する先入観を変えていくまでは、ファシリテーターは店長がやります。ファシリテーターのやり方を、皆に見せていきます。お店のスタッフがクレームに慣れてきて社長が参加したら、最初ファシリテーターは店長がやり、徐々にスタッフに交代していきましょう。スタッフにファシリテーターをさせ、店長がメンバーとなることで、店長の意見を会議に反映させていきます。

社長の考え方が浸透し、社長が抜けたら、そのまま、スタッフへファシリテーターを任せ、全員が順番にファシリテーターを交代でやっていきます。これにより、参加者が積極的に意見を出すようになっていきます。ファシリテーターは意見を言ってはいけません。

【会議の進め方】

〔STEP1〕クレームに慣れさせる

最初は、同業他社の一般的なクレームを集め、どのようなものがあるのか、どのような対策が打たれているのかといった、基礎的な知識の習得からはじめます。これによって、クレームというものに慣れてもらいます。

同業で比較的有名（有名すぎたり大きすぎない）で、ぐるなびや価格ドットコムなどの評価サイトに載っている店を選び、評価サイトやブログ、Twitter、評判などでお店への不満を集めます。

その中で、最も多いものを3つ選び出し、それらがなぜ起きるのか、「なぜ」を深めていくことで考えていきます。仮定でかまわないので、勝手にその会社の状況を想定して、根本的な原因を考えていきます。これによって、クレームは言われた本人だけが原因なのではなく、店や会社自体の問題であることを理解していきます。

たとえば、料理が遅いというクレームが多い場合、「いつも遅いわけではない→遅いときには食器が足りない→食器を洗うスピードが遅い→洗っているのは新人の女の子だった」などを考え、そして、架空の改善策を作成します。

これを3つのクレーム例について行ないます。クレームの原因は1つではないこと、いくつかの原因が複合して起きていることを腑に落ちるまで繰り返します。

次に、自社はどうなのか、他社の事例に比較しながら自社のクレームを出していきます。

このようにしていくと、徐々にクレームを出すことに慣れていきます。

「クレームは悪いことではない、言わないことが最もよくないのだ」という認識を持つようになっていくはずです。慣れるまで続けていってください。

〔STEP2〕 全体像をつかむ

集めたクレームを、内容が同じようなもののいくつかのグループに分けていきます（たとえば、挨拶をしない、注文をとりに来ない、椅子が汚れていた、料理が遅い、味が濃い、量が少ない、下げるのが早すぎる、レジで並ぶなど）。

そして、各グループについてどのようなお客様がそのクレームを言っているかを調べていきます。すると、お客様もいくつかのグループに分けられます（子連れママ、40代サラリーマン、女性のひとり客など）。

これらを表にしていきます。すると、すべてのお客様グループに共通しているクレームと、特定のグループに偏っているクレームがわかってきます。

すべてのグループに共通しているクレームは、ほぼ「当たり前クレーム」です。お客様が一般的にやってもらって当たり前のことと思っているのに、お店ができていないためにお客様が不満を感じていることなのです。

特定のグループが思っているクレームは「期待外れクレーム」です。特定のお客様たちが期待してくれていたのに、期待外れで不満に思っていることです。このようにして、クレームとお客様の全体像をつかみます。

さらに、「期待外れクレーム」に関して、お客様のニーズはこんなことなのかもしれないということを皆で考えていきます。単に、表面的なクレームに対応するのではなく、「こんなニーズを持っているからこんなクレームが出てくるのかもしれない。だから、こう対応したらニーズに応えられるのではないだろうか」ということを考え、実行していけるようになることを目指します。クレームに対応するのではなく、お客様のニーズへ対応していくようになることが目的です。

要望は言われたら不満ですが、言われる前にやるとサービスになります。

〔STEP3〕 自分たちのターゲットを知る

まず、自分たちの強みやこだわりを出します。品数が多い、旬なものを出す、価格が安いなど、できる限り出していきます。

次に、それらを自店の強みやこだわりの強さをもとに1位から順に並べていき、重ね付けをしていきます。たとえば、①品数が多い、②素材にこだわっている、③旬なものを出す、というようになります。

次にSTEP2で出した、お客様の期待外れクレームを並べます。

・子ども用のメニューが思ったより少ない
・価格は手頃だけど特においしくはない
・オーダーストップの時間が早い
・品数が少ない
・1人ではいづらい
・量が多すぎる

これらを比較し、自分たちの強みやこだわりを活かすことで改善できるお客様の期待外れクレームを選び出します。

たとえば、「品数が多い」という強みを活かすことで、「子ども用のメニューが少ない」「品数が少ない」「量が多すぎる」というクレームに対応することができそうです。

もし、これらのクレームを言っているのが、子連れママのグループであれば、量の少ない子ども用のメニューを増やします。全体に量を減らし、その代わりに、一品の中に多彩な食材と料理を入れ、華やかな感じに仕上げるのです。

〈STEP4〉 クレームを減らしていく

改善に取り組んでいく前に、確認しなければいけないことがあります。「私たちが決めたターゲット客のクレームには、私たちは必ず対応していき、改善していく」ということを約束することです。

ここに妥協はありません。これを守ることが、絶対条件なのです。これを、確認し、対応に入っていきましょう。

今までのステップで、ターゲット客が決まり、「当たり前クレーム」と「期待外れクレーム」が決まったら、実際に、クレームを減らしていきます。

まずは、ターゲットのお客様を中心に考えていきます。はじめに、「当たり前クレーム」を改善していきますが、いくつかある「当たり前クレーム」の中でも、ターゲット客が気にする度合いの高いものから順に手をつけていき、ターゲット客が離れていってしまうことを最初に防ぎます。

そして、「当たり前クレーム」すべてを順番に改善していくことと、「期待外れクレーム」にも対応していくことを同時に行なっていきます。早い段階からお客様の満足度を引き上げ、ターゲット客を増やしていきましょう。

〔STEP5〕　仕上げはお店の代表者として一人前にすること

最終的には、スタッフが、ハード・クレーマーへの対応を自分でできるようになることをめざします。お客様に対して、自分がお店や会社の代表であることを自覚してもらうのです。

まず、社内での成功事例を集めます。リーダーが手本を見せ、徐々にベテランから中堅までができるようにさせていきます。やってみてどうだったか？　どんなところがコツか？　などを教え合うことで、対応の仕方を学んでいくことができます。

最初は、複数人で対応してもかまいません。自分たちでやりとげ、自信をつけることが必要です。これができるようになってはじめて、普通のクレーマーへの愛着が湧くようになります。クレーム対応の質が変わり、リピーター化ができる対応ができるようになっていくはずです。頑張りましょう！

従業員全員を巻き込み、クレーム・ミーティングを実践して、クレーム対応のエキスパートを育てよう！

3 当たり前のことなのにできていないことはすぐに改善する

すぐにターゲット客の「当たり前クレーム」に対応することは難しいでしょう。まずは、食中毒や事故に結びつくクレーム、挨拶やお礼の仕方などに関するクレームに対して改善をすることが先になります。

一番問題なのは、**食中毒や事故に結びつくミスや手抜き**です。サイレント・クレームを集め、最初に探さなければいけないのが、食中毒や事故に結びつくことに関連しているクレームです。

たとえば、通信販売で食品を買ったところ、梱包が悪く、ダンボール箱の内部で食品の一部が露出、ダンボール箱が濡れて少し生臭かったというサイレント・クレームがありました。お客様は、それほどは臭くなかったので、とりあえず食べてしまったというのですが、一歩間違えれば食中毒につながったかもしれません。

梱包はしっかりしなければいけませんが、同時に、お客様のところに着いたときにそのような不備があった場合、返品と迅速な交換ができるようにして、お客様が食べないようにしなければなりません。3章6項の⑥で説明したように、商品がお客様のもとに到着した頃を見計らって連絡しましょう。

2番目に問題なのが、**挨拶やお礼の仕方**についてです。もし、不満を持たれていたら、この部分から手をつけなければなりません。

この2つに関しては影響が非常に大きいので、たとえ、数人のお客様しかサイレント・クレームを持っていなかったとしても、改善しなければならないのです。

基本的な問題点が改善されると、他のクレームも改善されることがあるためです。挨拶をきちんとできるようにするだけで、お客様がスタッフに尋ねてくれることが多くなり、料理が遅いなどのクレームが減っていきます。

逆にこの部分がしっかりしていないと、いくら他の部分を改善しても効果は半減します。

しかし、そうは言っても、挨拶ひとつにしても、なかなか難しいものです。

挨拶するのは当たり前です。「いらっしゃいませ」と言うだけなら、小学生でもできる簡単なことです。しかし、単に挨拶をすればいいというものではなく、お客様をいい気持ちにさせる挨拶をしなければならないのです。

挨拶が悪くても、クレームは言われません。挨拶がなければクレームになりますが、なんとなく気分の悪い挨拶はサイレント・クレームになってしまうのです。

無愛想でニコリともせず、「いらっしゃいませ」と言う店員もよくいます。「あの、入ってもいいですか？」と、逆にこちらが気を使ってしまいます。また、威勢がよすぎて迷惑な挨拶もあります。魚屋が威勢のいい声で「らっしゃい、らっしゃい！　アジが安いよ〜！」と言っているのはいいのですが、怒鳴るような感じになってしまっては、お客様はこわがってしまいます。

これは、店長を変えるとガラッとよくなることがあります。店長の態度が従業員全員の態度に影響しているのです。だからと言って、店長を変えるわけにはいきません。

そこで、店長に店全体の問題として改善を約束させ、成果を追っていきます。場合によっては、改善方法は率先垂範による指導に限定させてもかまいません。

このとき、クレーム・ミーティングにおける「私たちが決めたターゲット客のクレームには、必ず対応していき、改善していく」というルールを思い出してもらいます。

以上の基礎が固まった段階で、ようやくターゲット客が思っている「当たり前クレーム」に対応していきます。

なかでも、**この不満をもう一度感じさせたらお客様が離れていってしまうかもしれない**

と思われるものから対応していきます。数の多いものからではありません。通常、クレームは数の多いものから対処していきますが、私たちは既にターゲットのお客様が決まっています。そのお客様たちを手放さないようにするのが先決だからです。

最後に、お客様の確保ができたら、数の多いサイレント・クレームについて対応していきます。数の多いクレームの中でも、対応しやすいものから順に対応していきます。

これによって、お客様の不満は改善されていきます。しかし、サイレント・クレームがなくなることはありません。逆に、一次的には増えてしまいます。それに耐え、取り組んでいくことで、クレーム数は減少していきます。

しかし、まったくなくなるということはありません。クレームを言いやすい環境になった分、一定の量は出るようになるからです。でも、この状態が、**お客様とよい関係ができている証拠であり、クレームの質もよくなっているはずです。**

当たり前のことができるようになってから、ターゲットのお客様が離れないようにするためのクレーム対応に取り組もう。

4 素直にお客様に評価されている点を強化する

サイレント・クレームを集めていると、褒めてくれていることも集まってきます。アンケートを集めれば、褒めてくれたり応援してくれたりしてくれる方がいます。問題点を指摘してくれながらも、期待を寄せてくれているのです。

お客様がその店に行かなくなってしまう理由の7割は、「接客への不満」です。

一方、接客をしているスタッフのほうも、お客様はなんであんなにひどい態度をするのだろうかと思っています。

特に、コンビニなどでは、店員はお客様からひどい扱いを受けていると思っています。いくら一所懸命「いらっしゃいませ」「ありがとうございます」と言っても、お客様は無視。そのうえ、ちょっとレジで手間取ったり、箸を入れ忘れたりしたら、すぐに文句を言われます。

無視してくるお客様に笑顔で心の底から「いらっしゃいませ」「ありがとうございます」と言い続けることなんて無理です。その結果、スタッフの態度が悪くなっていくのです。

反対に、もし、お客様から「ありがとう」と言われ、さらにニコッと笑ってもらえたら、スタッフのやる気はグッと上がります。そして、態度やサービスレベルもグッと上がるはずです。

スタッフをやる気にしてサービスレベルを上げるのは、研修ではないのです。**お客様から認めてもらえること**なのです。

だからこそ、お客様からのお褒めの言葉が必要なのです。サイレント・クレームを集め、お客様の口に出さない不満やニーズを考え、それに応えていくにはやる気が必要です。それを生み出してくれるのが、お客様のお褒めの言葉なのです。

しかし、お褒めの言葉を集めるのは、それだけが目的ではありません。**自店が強みやこだわりと思っていることと、お客様がここがいいと思っていることは、往々にして異なっているる**ことがあり、そのギャップを明らかにすることも重要な目的なのです。

このギャップを認識しないまま、自店や商品のよさをアピールしても独りよがりになってしまい、お客様には届きません。

お褒めの言葉を集めるのは、サイレント・クレームを集めるよりも簡単です。

お客様は、相手を褒めることになるので、あまり抵抗感はありません。頼まれれば、大抵、アンケートやインタビューに応えてくれます。

お褒めの言葉を集めると気づきますが、クレームと違って、褒めてくれるポイントは2・3カ所に絞られてきます。皆、同じようなところを褒めてきます。

面白いことに、悪いところは山のようにいろいろありますが、よいところは数カ所で、お客様は皆、同じようなところをいいなと思っているのです。

ここを見つけ出し、強めていけば、今のお客様により満足させることができます。そして、さらに満足度を高めていくと紹介をしてくれるようになります。紹介をしたくなるまで高めていくことが重要で、ここまでこなければ意味がありません。

このとき、サイレント・クレームの分析でもやったように、どのようなお客様グループがどんなことを褒めてくれているかを調べます。お褒めの言葉の内容をグループ分けし、どのお客様が何と言って褒めているのかを明確にします。その中で、自店のターゲットとするお客様が褒めていることを伸ばしていけばいいのです。

このとき、**自店の強みやこだわりにとらわれてはいけません**。あくまでも、ターゲットのお客様がいいと思う点を素直に伸ばしていってください。

たとえば、ターゲット客を子連れママとした場合、彼女らはスタッフが子ども好きでワガママにもうまく対応してくれるところが頼りがいになると褒めています。サラリーマンは、料理が出てくるのが早く価格が手頃なところがいいと言っています。1人で来る若い女性は、1人にしてほしいときは1人に、話したいときに話相手になってくれるところがいいと言っています。

このお店は、スタッフの対応力が高いようです。お客様に合わせ、お客様の望んでいるものを提供できる力を持っているようで、どのお客様にもそれなりにうまく対応できると思います。しかし、器用貧乏でもあります。すべてのお客様の満足度は、5段階でいけば「4」です。「5」ではありません。

そこで、お客様を子連れママに絞って、彼女らの満足度を「5」にするためにはどうしたらいいかを考えるようにします。そこで、さらにママたちと子どもたちのワガママに対応できるようにしていきます。

たとえば、

- 個室を用意しているので子どもが大声を出しても大丈夫
- 授乳を周りの目を気にしないでできる授乳服を貸してくれる

・まとまった人数なら1時間程度保母資格を持っているスタッフが面倒を見てくれるなど、一歩踏み込んだサービスを提供していきます。

このとき、子連れママとサラリーマンとは利用時間帯が違うので問題はありませんが、女性のひとり客とはバッティングしてしまいます。子連れママへ合わせたサービスを提供すると、反対に女性のひとり客の満足度は下がるため、女性のひとり客は、ターゲット客としてはあきらめなければいけなくなるのです。

自社・自店の強みはこれ！　という思い込みを一度捨てて、お客様のお褒めの声を、素直に取り入れよう。

5 クレーム・ミーティングでお客様の不満を考えるヒント

クレーム・ミーティングを開くといっても、お客様の声も集めていなければ、アンケートもないというお店や会社は、いったい何から取り組めばいいのでしょうか？

確かに、いきなりはじめるのは難しいものですが、日頃のお客様との対話を思い出し、「こんなことを言われました」「こんなクレームをいただきました」という報告からはじめてもいいと思います。

また、多くの会社は「クレームカード」を作り、それをある程度集めてからはじめます。

しかし、ちょっと変わった4つの切り口から考えてみることもできます。

その切り口とは、**「比較」「五感」「業種業態」「5つの心理」**の4つです。

・比較

まず、お客様は、お店や商品を必ず何かと比較して良し悪しを判断しています。ですから、何と比較しているかがわかれば、お客様の不満も推定できます。

価格、効能（性能）が最も明確な比較対象です。最高級か最安値が売りの場合、比較は簡単です。問題は、価格や効能に特徴がない場合です。価格で特徴がない場合、商品やサービスで特徴を打ち出さないとなりません。ここが比較ポイントになります。効能に特徴がない場合、付随するサービスなどが比較の対象となります。しかし、ここは人によって比較するポイントが異なりますので、ターゲットを明確に絞り込まないとなりません。

・五感

人は、五感でそのお店や商品に対する期待感を作っています。つまり、そのお店や商品を使ったとき、自分がどのような体験ができるかを妄想しているのです。ですから、実際に体験した場合、妄想の体験と比べて五感のうちどの感覚で期待を外してクレームとなってしまっているのかを見ていくわけです。

・業種

業種ごとにお客様の期待していることは異なります。たとえば、病院に対する期待とディズニーランドに対する期待は明らかに違います。自店・自社がお客様に期待されている

クレーム・ミーティングでお客様の不満を考えるヒント

比較

①高級や安売りを売りにしている場合
自分の知っている最高級店と最安売り店を思い出して比較をする。そして、大体の場合、既に知っている店をひいきにする

②高級でも安売りでもない場合
なんとなく自分で思う平均的な店を基準とし、評価は加点的になる

③効能のはっきりしない商品の場合
効能とは直接関係ない部分で、良し悪しを判断しようとする

五感

①見る	建物や従業員の服装など見えるものを手がかりに、どんなサービスが受けられるか、いくらぐらいかかるかを想像している
②匂い	どんな臭いを期待しているのか調べていく
③音	期待している音、音の大きさ、音質などがある
④味	顧客の属性ごとにおいしく感じているかどうかを見ていく
⑤雰囲気	自分の家より「暗い、汚い、乱雑」で落ち着かないお店には行かない

業種の特徴

①お客様の困りごとを解決する困りごと解決型業種
必ず解決できることが絶対条件、解決されるまでに抱く不安を和らげることが付加価値

②お客様の悩みごとを解決する悩み解決型業種
他店と比較して当たり前のことができていれば問題ない

③現状からよりよくしていく現状向上型業種
新しい感動を求めているため、徐々にレベルを上げていけるかがポイント

顧客心理

①お店にお客様が入る前【アンカリング効果】
②お客様がお店で選んでいるとき【心理的リアクタンス】
③お店で買うかどうか迷っているとき【行動非行動の法則】
④買ってお店を出るとき【ピークエンドの法則】
⑤買った後に家に帰ってから【認知的不協和の解消】

点を把握しておかないと、不満を生み出してしまいます。

たとえば、病院の場合、病院側は病気を治すことに目がいきがちですが、病気を治すことはもちろん、痛みをとることや、手術や回復への不安を取り除くことも期待されていることです。

期待に応えられなかったり、期待を見落としたりしている点を探せば、お客様の不満が見つかります。

・5つの心理

お客様にはお客様なりの独特の5つの心理状態があります。売る側の心理とは大きく異なっているので、私たちが最も見落としがちな点です。

お店に入るときから出ていくときまで、それぞれの段階で特徴的な心理状態があります。それに合わせて、起こりやすい不満を推定していくことができます。


4つの切り口から、言われたクレームを思い出したり、お客様の心理になって不満を考えてみよう。

おわりに

私が「クレーム対応」と聞いて思い出すのは、怒りながら内容証明を送ってきたクレーマーのことです。彼は35歳ぐらいで、頭がよさそうで仕立てのよいスーツをビシッと着て、エリートサラリーマンのようでした。その彼と話し合いをするために、新橋の第一ホテルのロビーにある落ち着いた喫茶店の奥の席で会ったのです。

話し方は丁寧ですが、かなり怒っています。私はただひたすら、彼が話すことがなくなるまでずっと聞くことにしたのです。

1時間半経った頃、話が尽きました。そこで、私は静かに、今回はPL法の適用にはならないことや、弁償はできないができるだけのことはしたいと思っていることを伝えました。

すると、驚いたことに、「いろいろありがとうございます」と言ってくれたのです。

このとき、私は、彼が怒る気持ちがよくわかるようになっていました。同情さえしていました。会社の立場もあり、弁償はできないのですが、何とかしてあげたいなと思っていたのです。

私は数千人のお客様に会ってきましたが、いまだに思い出すお客様は彼のことなのです。今でも新橋で会ったときの風景がまざまざと浮かんできます。そして、あのときもっと何かしてあげることができたのではないかという気持ちになります。きっと彼も、私のことをよく覚えてくれていると思います。

この体験以来、私はお客様の言葉や態度の向こうにあるものを気にするようになりました。また、自然体でお客様に接することができるようになったと思います。

もちろん、内容証明を送りつけてきて弁償しろと言うのですから、彼はハード・クレーマーに見えます。しかし、そんなことをする背景や気持ちがある人がいるのです。その背景や気持ちを理解すると、こちらの態度も自然と変わります。すると、それが相手に伝わっていくのか、クレーマーの態度が和らいでくるのです。

もちろん、クレーマーの皆が皆、そうなるとは思いません。しかし、同じような体験を皆さんにもぜひ味わってほしいと思っています。クレーマーの話を、一度、できるだけ先入観を捨ててじっくり聞いてあげてみてください。

この本を読んでいて、わからなくなったり、違うなと感じたりしたこともあったかもしれません。それでも、最後まで読んでいただき、本当にありがとうございました。

この本はきっとあなたの役に立つはずです。いったん自分の中で咀嚼してから現場に合わせた形で使ってくだされば幸いです。

最後に、同文舘出版編集長の古市達彦さん、宇都宮出版会議を主催しているサトーカメラ株式会社の佐藤勝人専務、そして、最後まで私を見捨てずに面倒をみてくれた編集担当の戸井田歩さん、ありがとうございました。

平成二四年九月

工藤英一

著者略歴

工藤英一（くどうえいいち）

Qualia-Partners代表、経営コンサルタント
東京都出身。東京理科大学を卒業後、株式会社間組入社。建物振動予測技術の開発に従事する。大学院で経営学を学んだ後、株式会社DIVの代表取締役に就任。世界初の高強度デジタルカメラ用防水ケースの開発に成功、国内外の販売で実績を上げる。店舗を運営する中で、クレーマー1500件以上に対応。実践的なクレーム対応方法を習得する。保険の営業を経て、経営コンサルタントに転身、中小企業の建て直しなどに携わる。また、認知科学会正会員として人材育成や組織開発、マーケティングを脳科学や心理学の面から研究。最近ではホームレスや若者の自立支援にも取り組み始めている。著書に『ニッチを狙え！』（共著・経林書房）がある。

Qualia-Partners
■URL　http://qualia-partners.com
■Facebook　https://www.facebook.com/QualiaPartners

「クレーマー」を「リピーター」に変える３つのステップ
ストレスなし！　クレーム対応の基本から
売上を伸ばす！　クレームトコトン活用術まで

平成24年９月26日　初版発行

著　者――工藤英一

発行者――中島治久

発行所――同文舘出版株式会社
東京都千代田区神田神保町 1-41　〒101-0051
電話　営業 03(3294)1801　編集 03(3294)1802
振替　00100-8-42935　http://www.dobunkan.co.jp

ISBN978-4-495-59971-3
印刷／製本：三美印刷　Printed in Japan 2012